***ACCESO GRATIS** a la Lectura en la Nube*

Para visualizar el libro electrónico en la nube de lectura envíe junto a su nombre y apellidos una fotografía del código de barras situado en la contraportada del libro y otra del ticket de compra a la dirección:

ebooktirant@tirant.com

En un máximo de 72 horas laborales le enviaremos el código de acceso con sus instrucciones.

La visualización del libro en **NUBE DE LECTURA** excluye los usos bibliotecarios y públicos que puedan poner el archivo electrónico a disposición de una comunidad de lectores. Se permite tan solo un uso individual y privado

DERECHO PROCESAL PENAL: GUÍA PARA EL CÓDIGO NACIONAL DE PROCEDIMIENTOS PENALES

SEGUNDA EDICIÓN

DERECHO PROCESAL PENAL: GUÍA PARA EL CÓDIGO NACIONAL DE PROCEDIMIENTOS PENALES

SEGUNDA EDICIÓN

Jaime Ernesto García Villegas

tirant lo blanch
Ciudad de México, 2024

En caso de erratas y actualizaciones, la Editorial Tirant Humanidades publicará la pertinente corrección en la página web www.tirant.com/mex/

Este libro será publicado y distribuido internacionalmente en todos los países donde la Editorial Tirant lo Blanch esté presente.

© EDITA: TIRANT LO BLANCH
DISTRIBUYE: TIRANT LO BLANCH MÉXICO
Av. Tamaulipas 150, Oficina 502
Hipódromo, Cuauhtémoc, 06100 Ciudad de México
Telf: +52 1 55 65502317
infomex@tirant.com
www.tirant.com/mex/
www.tirant.es
ISBN: 978-84-1056-266-0
SEGUNDA EDICIÓN

Si tiene alguna queja o sugerencia, envíenos un mail a: *atencioncliente@tirant.com*. En caso de no ser atendida su sugerencia, por favor, lea en *www.tirant.net/index.php/empresa/politicas-de-empresa* nuestro procedimiento de quejas.

Responsabilidad Social Corporativa: *http://www.tirant.net/Docs/RSCTirant.pdf*

Índice

CAPÍTULO SEGUNDO
EJERCICIO DE LA ACCIÓN PENAL Y LA AUDIENCIA INICIAL ANTE EL JUZGADO DE CONTROL

CAPÍTULO TERCERO
PLAZO PARA EL CIERRE DE LA INVESTIGACIÓN COMPLEMENTARIA, ACUSACIÓN, OFRECIMIENTO Y DESCUBRIMIENTO PROBATORIO, AUDIENCIA INTERMEDIA

CAPÍTULO CUARTO
LA ETAPA DE JUICIO

CAPÍTULO QUINTO
RECURSOS

CAPÍTULO SEXTO
EL PROCEDIMIENTO ABREVIADO

CAPÍTULO SÉPTIMO
LAS SOLUCIONES ALTERNAS EN EL CÓDIGO NACIONAL DE PROCEDIMIENTOS PENALES

CAPÍTULO OCTAVO
LA ACCIÓN PENAL EJERCIDA POR PARTICULARES.

Prólogo

Desde hace un par de décadas, Latinoamérica se encuentra inmersa en un proceso de profundos cambios en materia de justicia penal. Nuestro país, desde luego, vive también con beneplácito dichas transformaciones. El propósito, brindar a la sociedad, un servicio de procuración y administración de justicia penal de calidad, transparente, humano y adecuado a la realidad, propia de un Estado democrático de derecho.

En consonancia con esas reformas, México ha comenzado a transitar de un sistema procesal penal mixto, a uno de corte acusatorio y oral. Resultando fundamental para ello, la Reforma Constitucional en Seguridad Pública y Justicia Penal efectuada el 18 de junio de 2008, que consagra los principios rectores de un proceso penal acusatorio, así como las instituciones, derechos y garantías que deben inspirarlo. Pero también importante, la consolidación de ese esfuerzo del poder constituyente de transmutar el procedimiento penal mexicano, con la promulgación el 4 de marzo de 2014 del Código Nacional de Procedimientos Penales, vigente en todo el país a partir del 18 de junio de 2016. Se trata pues, según los expertos, de la reforma más importante y significativa de los últimos 100 años de historia jurídica nacional en materia de justicia.

Es así que con fortuna, he tenido la oportunidad de palpar de forma directa, estos momentos trascendentales para la justicia en nuestro país. Primero, como pionero en la práctica de casos penales bajo el modelo acusatorio, luego, como capacitador de colegas en formación para la operación del nuevo procedimiento penal, y finalmente, como docente universitario en la instrucción procesal penal de los futuros profesionales del derecho. Y durante mis vivencias en estos ámbitos, puedo afirmar, que hemos extrañado profundamente, tanto operadores, docentes y alumnos, herramientas doctrinales nacionales que de forma sencilla y concreta, pero pertinente y suficiente, desarrollen y expliquen el procedimiento penal mexicano acusatorio y oral, a la luz de sus peculiaridades, pero más aún bajo el lente crítico y enriquecedor de quienes lo han operado.

En ese contexto, surge la obra del Maestro Jaime Ernesto García Villegas quien, impulsado por su admirable pasión hacia nuestra profesión, así como su compromiso inquebrantable con las nuevas generaciones de abogados y el mundo académico, realiza un estudio sistemático del Código Nacional de Procedimientos Penales, en aras de coadyuvar a la consolidación de esta nueva forma de hacer justicia en México. Y aprovecha para ello, debo decirlo, no solo el profundo conocimiento técnico jurídico que posee en la materia, si no también, su nutrida experiencia en la *praxis* forense del modelo acusatorio y oral, en su momento como Fiscal, en la investigación y acusación del siempre complejo fenómeno delictivo.

Sin duda alguna, el lector en esta obra encontrará las bases indispensables para entender de forma clara, sencilla y práctica, el procedimiento penal mexicano de corte acusatorio y oral.

El texto se desarrolla de forma organizada y puntual, a través de ocho capítulos, explicando en un primer momento, las nociones básicas para entender la naturaleza de un procedimiento penal, los principios que lo informan y sus protagonistas. Luego, acorde a la dinámica misma del proceso judicial, expone su primera etapa, así como sus formas de inicio. Seguido, reflexiona y abunda acerca del ejercicio de la acción punitiva y la Audiencia Inicial, otorgándole a esta última un especial tratamiento en proporción a su relevancia en la práctica forense, con énfasis en los momentos cruciales de la misma, como el control de legalidad de la detención, la formulación de la imputación, la vinculación a proceso del imputado y la aplicación de las medidas cautelares. La obra continua, enseñando la naturaleza del plazo para el cierre de la investigación complementaria, sus implicaciones y trascendencia, para de inmediato, en forma encadenada, dar a conocer el sentido, fin y alcance de la acusación, del descubrimiento probatorio y de la Audiencia de preparación a Juicio (Audiencia intermedia en estricto sentido). En una de las cúspides del texto, se aborda la etapa central del procedimiento penal acusatorio, el Juicio Oral, desde sus generalidades y desarrollo, hasta su finalización con la deliberación y el fallo respectivo, amen, de la exposición que realiza en torno a la Audiencia de individualización de sanciones y reparación del daño. El estudio prosigue, con la descripción y explicación del novedoso régimen de impugnación, haciendo hincapié en la conceptualización y tramitación procesal de cada uno de los recursos. En los últimos capítulos, el autor destaca como el Código Nacional de Procedimientos Penales acorde al régimen constitucional, pondera la racionalización del procedimiento y privilegia el principio de Justicia Restaurativa, ante lo cual desarrolla de manera prolija, el procedimiento abreviado como mecanismo de aceleración procesal, así como la suspensión condicional del proceso y el acuerdo reparatorio como salidas alternativas. Finalmente, la obra concluye con un tema por demás novedoso e interesante, la acción penal ejercida por particulares, y el autor nos anticipa su futura relevancia, explicando la esencia de la misma pero principalmente su substanciación.

Por otro lado, a lo largo del texto destacan las explicaciones sencillas acerca de los temas a tratar por parte del autor, al igual que la utilización oportuna de esquemas y mapas conceptuales, con el propósito evidente de que sea digerible su lectura y se convierta en una verdadera herramienta de utilidad práctica. Tampoco se pasa por alto, la importante contribución que el Maestro García Villegas realiza a la doctrina procesalista penal de nuestro país, con la elaboración de conceptos propios acerca de las principales figuras en estudio.

La obra en cuestión, se puede encuadrar dentro de la literatura jurídica en la modalidad de manual. Al respecto, se retoman las expresiones del autor, al mencionar que sus pretensiones son precisamente servir a la cátedra del derecho procesal penal, ya que seguramente se convertirá en una fuente de consulta recurrente en la preparación de los estudiantes. Pero también, lo auguro, servirá como referente importante para los catedráticos que asumen la enseñanza del procedimiento penal mexicano, y no solo eso, también vaticino, será una guía importante para todos aquellos operadores jurídicos de nuestro país, en la práctica de sus nuevas encomiendas a la luz del Código Nacional de Procedimiento Penales. Por lo que, es bastante modesto el Maestro García Villegas, al calificar su trabajo como una guía básica de estudio, su valioso contenido reflexivo, supera tal aseveración.

Al presentarse esta obra en nuestra comunidad jurídica, como miembro de la misma, estimo, habría que recibir con agrado, gratitud y entusiasmo su valioso aporte intelectual, producto del trabajo paciente, meditado e inteligente de mi colega y amigo, Maestro Jaime Ernesto García Villegas.

Enhorabuena, mi más profunda admiración y respeto.

Mtro. Francisco González Arredondo.

Julio de 2016

Prefacio para la segunda edición

Al estudiante hay que enseñarlo a pensar. La mente es como cualquier músculo del cuerpo, si no se usa se atrofia. Como dice un antiguo proverbio; "Si das pescado a un hombre, ese día comerá. Pero si lo enseñas a pescar, comerá siempre."[1]

La presente obra ha surgido con la finalidad de facilitar el estudio y la comprensión sobre las cuestiones elementales del procedimiento penal mexicano. El suscrito se ha desempeñado como docente de la Facultad de Derecho, de la Universidad Autónoma de Chihuahua, en diversas asignaturas, pero particularmente sobre derecho procesal penal, de tal suerte que la principal motivación para desarrollar una guía básica para el estudio del Código Nacional de Procedimientos Penales, ha sido ofrecer a los estudiantes del programa de Licenciatura en Derecho, una diversa fuente de información, que les permita una mejor comprensión tanto del origen, como de las distintas etapas de nuestro modelo de enjuiciamiento.

En las páginas que integran este discurso jurídico, el lector encontrará la descripción, así como la explicación de todas y cada una de las etapas de nuestro procedimiento penal, con definiciones construidas dentro del marco de la codificación instrumental penal referida en supra líneas.

Adicionalmente se ofrecen a la comunidad jurídica capítulos que describen los trámites relacionados con los recursos,

---

1 **QUIÑONES VARGAS**, Héctor, "*Las Técnicas de Litigación Oral, en el Proceso Penal Salvadoreño*", Consejo Nacional de la Judicatura (CNJ), República de El Salvador, Editorial Maya, San Salvador, 2003, pág. 129.

medios alternativos de solución de controversias, mecanismos de aceleración y la acción penal ejercida por particulares. Se ha redactado este texto, con la mejor intención de coadyuvar con los catedráticos que imparten derecho procesal penal, y en general con cualquier estudioso del derecho penal adjetivo, ofreciendo una nueva opción como bibliografía que complemente las fuentes preexistentes. **Debe destacarse, que esta obra contiene las más recientes reformas publicadas en el Diario Oficial de la Federación, así como adiciones relativas a las diversas formas de terminación de la investigación – no ejercicio de la acción penal, archivo temporal, criterios de oportunidad y facultad de abstenerse de investigar, y actualizaciones inherentes a figuras tales como el descubrimiento probatorio.**

ETAPAS DEL PROCEDIMIENTO PENAL

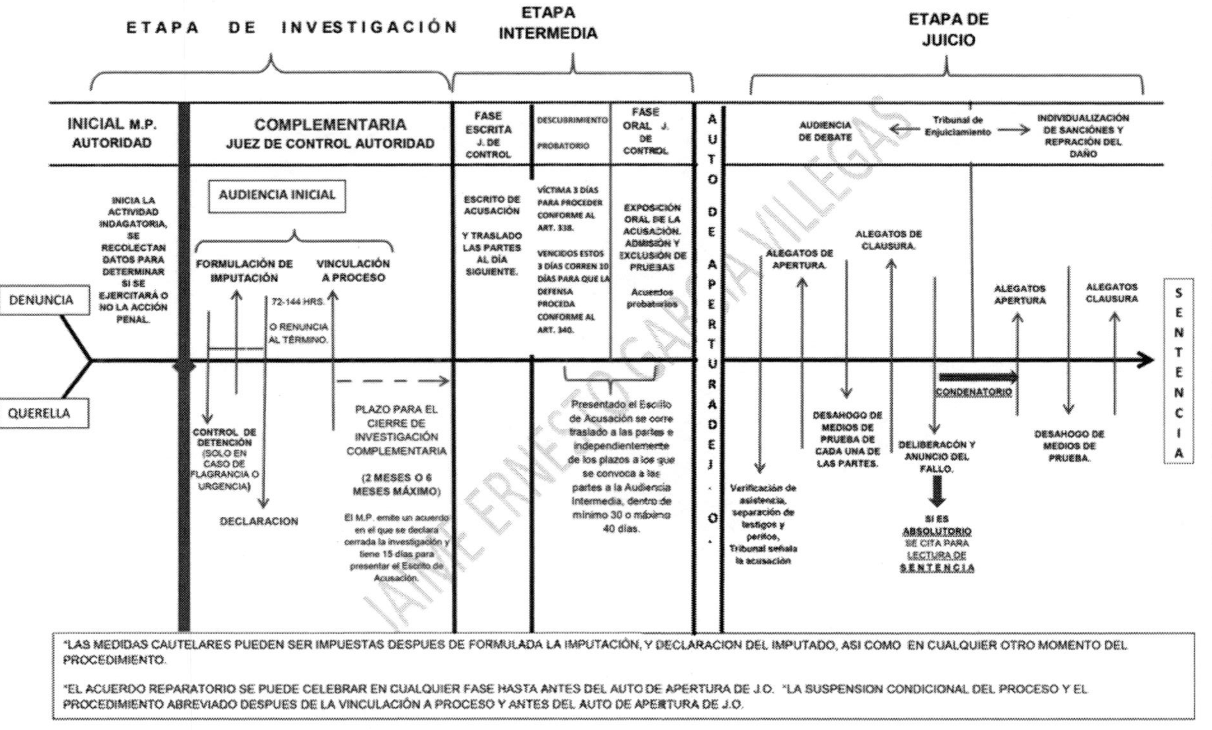

Capítulo primero Génesis del procedimiento. Definición, formas de inicio y primera etapa

"La reforma del sistema de justicia penal requiere una aproximación integral, que busque transformar no sólo el marco procesal legal, sino también a las instituciones que lo aplican y que, sobre todo, plantee la transformación que modifique las normas, el diseño y operación de las instituciones así como la actitud de los aplicadores y sus destinatarios, tanto de los operadores jurídicos, como de la sociedad a la que va dirigida."[2]

1.1 DEFINICIÓN DE DERECHO PROCESAL PENAL.

Antes de realizar un estudio pormenorizado en torno a las figuras que detonan nuestro procedimiento penal acusatorio y oral, habremos de darnos a la tarea de establecer una definición actualizada sobre el mismo, con la finalidad de establecer una base sólida o punto de partida para nuestras futuras reflexiones.

Rivera Silva, refiere que el procedimiento penal son *"un conjunto de actividades reglamentadas por preceptos previamente estableci-*

2 **WITKER**, Jorge, et. Al., *"Tendencias Actuales del Diseño del Proceso Penal Acusatorio en América Latina y México"*, Instituto de Investigaciones Jurídicas, Universidad Nacional Autónoma de México, México, 2010, pág. 128

dos, que tienen como finalidad determinar que hechos pueden ser calificados como delito, para en su caso, aplicar la sanción correspondiente"[3]

De tal suerte que, con la finalidad de ofrecer una noción adecuada al marco jurídico vigente podemos sostener que:

Definición. El procedimiento penal mexicano consiste en un conjunto de diligencias, actuaciones o actividades que se encuentran debidamente previstas en disposiciones legislativas, que tienen como finalidad establecer la serie de pasos a seguir para determinar qué situaciones fácticas concretas pueden ser consideradas constitutivas de delito y en su caso aplicar una penalidad, medida de seguridad o mecanismo alternativo de solución de conflictos.

1.2 ELEMENTOS DE LA DEFINICIÓN DE DERECHO PROCESAL PENAL.

a. **Conjunto de diligencias, actuaciones o actividades.** El Procedimiento Penal Mexicano, se compone de una serie de actividades desplegadas por una pluralidad de *sujetos procesales,* tales como el Agente del Ministerio Público, la policía de investigación, la víctima u ofendido, el asesor jurídico, el imputado, el abogado defensor, la autoridad de supervisión de medidas cautelares y de suspensión condicional del proceso, así como el juez mismo. [4]

b. ***Debidamente reguladas por disposiciones legislativas vigentes al momento de su realización.*** La realización de las diligen-

---

3 **RIVERA SILVA**, Manuel, "El procedimiento Penal", 35 ed., Porrúa, México, 2005, pág. 05

4 Los sujetos procesales de nuestro procedimiento penal, se enuncian en el artículo 105 del CNPP, y se determina cuáles de los sujetos procesales tienen calidad de parte.

cias, actividades o actuaciones de los sujetos procesales no resulta arbitraria, espontánea o improvisada, en el sentido de que ya se encuentran debidamente reglamentadas por una serie de arábigos, dispositivos, ordinales, o artículos que han cobrado vigencia con anterioridad a la fecha de su aplicación al caso concreto. Verbigracia, se establecen las formas de inicio del procedimiento, la forma específica que debe revestir la denuncia o la querella, el tiempo que puede extenderse la actividad indagatoria del ministerio público, la forma de recolección de datos que acrediten la existencia de un delito y la probable participación del imputado, así como el nombre y la mecánica de cada una de las audiencias a las que luego del ejercicio de la acción penal nos convoca el juzgado de control, no resultan improvisadas o realizadas a capricho del juez o las partes, sino que existen lineamientos para su desarrollo que se contienen precisamente en la codificación instrumental penal.

c. **La finalidad o el objetivo central del procedimiento penal.** Las diligencias realizadas por los sujetos procesales referidos en supra líneas, se deben orientar o dirigir a determinar qué situaciones fácticas o hechos concretos pueden ser considerados como criminosos y por lo tanto se aplique una sanción determinada, o de manera más precisa, se aplique una penalidad o medida de seguridad debidamente individualizada.

1.3 OBJETIVOS DEL PROCEDIMIENTO PENAL MEXICANO.

Nuestra codificación adjetiva penal establece en su segundo dispositivo, sus objetivos, mismos que han de cumplirse en un marco de respeto a los derechos humanos reconocidos en la Constitución Política de los Estados Unidos Mexicanos, así como en los Tratados Internacionales de los que el Estado mexicano sea parte, objetivos que podemos desglosar de la siguiente manera:

a. ***Establecer las normas que han de observarse en la investigación, el procesamiento y la sanción de los delitos.*** En efecto, el código instrumental penal se encargará de establecer con meridiana claridad las diligencias que la autoridad investigadora podrá realizar con la finalidad de averiguar si algún hecho concreto reúne los caracteres de delito, así como determinar la identidad de su probable responsable, y en este caso, solicitar la intervención de un órgano jurisdiccional, convirtiéndose la autoridad investigadora en parte acusadora, solicitando que se aplique la norma penal sustantiva, al caso en particular.

b. ***El esclarecimiento de los hechos materia de la investigación.*** Como se analizará en líneas posteriores, una investigación criminal se detonará vía denuncia o querella, lo que implicará que el agente del Ministerio Público, inicie su actividad indagatoria, con la finalidad de reunir un caudal probatorio apto suficiente para robustecer los hechos contenidos en la relatoría del denunciante o del querellante, o en su caso desvirtuarlos, lo que se traduciría no en la solicitud de intervención del órgano jurisdiccional, sino en un auto de no ejercicio de la acción penal. Para expresarlo de una forma más técnica, podemos decir que con el procedimiento penal se busca el conocimiento de la verdad histórica, es decir, la comunión del intelecto con la realidad.

c. ***Protección del inocente.*** Esta expresión del artículo segundo del CNPP, puede considerarse ambivalente. En efecto, inocente significa '*libre de culpa*[5], en el sentido de que la inocencia puede ser un calificativo que recaiga tanto a la víctima del delito – que en teoría nada tendría que ver con la perpetración del injusto, ni las consecuencias del mismo – así como del procesado, que pudiera encontrarse en la mira de falsas imputaciones.

---

[5] Diccionario de la lengua Española, 23° ed., Edición del Tricentenario, [en línea], Madrid, Espasa, 2014. Consultable en www.rae.es

d. ***Procurar que el culpable no quede impune.*** Si partimos de la base de que la pena es la consecuencia legítima que se aplica a quien por medio de una sentencia definitiva que ha causado ejecutoria, dictada dentro de un debido proceso, se considera más allá de toda duda razonable como responsable de un delito, y que la punición es la actividad desplegada por el órgano jurisdiccional con la finalidad de aplicar la pena general abstracta e impersonal a un sujeto determinado. La expresión antes referida determina que en el supuesto de que el tribunal penal llegue a la conclusión de que un sujeto es responsable de un delito, se aplique la pena correspondiente. No obstante, no debemos soslayar la existencia de medios alternativos de solución de conflictos, así como figuras excepcionales que impiden la aplicación de una pena, como los criterios de oportunidad, en los cuales, a pesar de que exista un delito y un responsable, no se aplicará pena alguna. En el caso de los medios alternativos de solución de conflictos como el acuerdo reparatorio o la suspensión condicional del proceso, el órgano jurisdiccional, no entrará al estudio del fondo de la controversia, sino que, en caso de encontrarse en las hipótesis de procedencia, y así serle solicitado, autorizará la reparación del daño – que para la legislación sustantiva tiene el carácter de pena pública, es decir, una arista de la pena pecuniaria -, sujeta a ciertas modalidades, y a la postre decretará el sobreseimiento de la causa, con efectos de sentencia absolutoria. Lo anterior con la finalidad de despresurizar el sistema de impartición de justicia, garantizar de manera más pronta y eficiente la reparación del daño, y generar un ambiente de participación activa y empática entre los protagonistas del drama jurídico penal.

e. ***Garantizar la reparación del daño, en caso de ser necesario.*** La reparación del daño tiene un carácter de pena pública[6]. En caso de ser necesaria la indemnización hacia un particular, esta podrá ordenarse coactivamente por virtud de una sentencia condenatoria (en procedimiento abreviado o en juicio oral), o bien obtenerse a través de un medio alternativo de solución de conflictos, en los casos en que la norma procesal así lo permita.

f. ***Contribuir a asegurar el acceso a la justicia en la aplicación del derecho.*** En efecto, el acceso a la justicia resulta un derecho humano, en el que todo aquel que tenga una reclamación que realizar, deberá de contar con la tutela de un tribunal competente, con la finalidad de que se pueda dar a cada cual lo reclamado, siempre que así se considere merecido luego de un proceso debido proceso contradictorio.

g. ***Resolver el conflicto que surja con motivo de la comisión del delito.*** Incuestionablemente, la convivencia de los seres humanos en el tejido social, suele resultar conflictiva, por lo que aquellas conductas que más severamente lastiman a la colectividad, se han considerado como delictivas, por el cual la autoridad estatal interviene en ejercicio de su facultad sancionadora – *ius puniendi* – es decir, resulta precisamente en razón de que este conflicto por su gravedad amerita un tratamiento especial, lo que significa que la autoridad estatal interviene aún más enérgicamente que en controversias del orden civil, mercantil, familiar o laboral. Por lo tanto, el procedimiento penal, tiene como objetivo central resolver el conflicto surgido como consecuencia del fenómeno delictivo, lo que garantizará que la sociedad pueda encontrar la calma perturbada por la perpetración de un injusto determinado.

---

6 El artículo 34 del Código Penal Federal, establece con meridiana claridad que, "La reparación del daño proveniente de delito que deba ser hecha por el delincuente tiene el carácter de pena pública y se exigirá de oficio por el Ministerio Público."

La redacción del artículo 2 del CNPP, comulga con lo establecido por el arábigo vigésimo, apartado A), fracción I de la CPEUM, que establece los objetivos del modelo de enjuiciamiento acusatorio y oral de la siguiente forma:

> ***Artículo 20.*** *El proceso penal será acusatorio y oral. Se regirá por los principios de publicidad, contradicción, concentración, continuidad e inmediación.*
>
> ***A.*** *De los principios generales:*
>
> ***I.*** *El proceso penal tendrá por objeto el esclarecimiento de los hechos, proteger al inocente, procurar que el culpable no quede impune y que los daños causados por el delito se reparen;*

En esta tesitura, resulta evidente que se plasmaron en la codificación instrumental penal los objetivos establecidos por el constituyente permanente en nuestra Ley Superior, no obstante que no resultaba imperativo haberse limitado a la redacción constitucional. Consideramos que existen expresiones más técnicas que pudiesen haberse utilizado para determinar los fines del procedimiento penal mexicano, verbigracia el Código de Procedimientos Penales del Estado de Chihuahua, pionero en la materia debido al inicio de su vigencia el día 01 de enero de 2007, establece en su artículo primero que los fines del procedimiento penal son:

a. Conocer la verdad histórica de los hechos.
b. Garantizar la justicia en la aplicación del derecho.
c. Resolver el conflicto surgido como consecuencia del delito.
d. Restaurar la armonía entre las partes.

Consideramos más técnica la primera de las expresiones utilizadas por el código adjetivo penal de dicha Entidad Federativa, en contraste con la redacción el artículo 2 del CNPP, y la propia Carta Magna, que refieren el 'esclarecimiento de los hechos' como uno de los fines del procedimiento, siendo más apropiado mencionar el 'conocimiento de la verdad histórica' como finalidad del mismo.

En efecto, el descubrimiento de la verdad histórica consiste en lograr que el intelecto del juzgador coincida con la realidad, con lo que verdaderamente aconteció, lo anterior toda vez que el procedimiento penal se caracteriza de otras ramas del derecho precisamente por buscar conocer lo ciertamente acontecido, a diferencia de otros enjuiciamientos en los que se permite construir una sentencia definitiva en base a la verdad legal, que puede diferir completamente de la histórica, ya que aquella se puede obtener mediante fórmulas o 'recetas' legales, como el hecho de constituir en rebeldía a un litigante y por ese solo hecho tenerle por contestados los hechos de la demanda en sentido afirmativo, o en el desahogo de la prueba confesional, en la que el absolvente que haya sido debidamente notificado, en caso de no asistir sin causa justificada, el tribunal tendrá por contestadas en sentido afirmativo aquellas posiciones que sean calificadas de legales. Estos son claros ejemplos de 'verdades' obtenidas por medio de fórmulas contenidas en la propia legislación, verdad limitada que no le interesa al derecho punitivo, por encontrarse en juego incluso la libertad misma de los gobernados, de tal suerte que por estas razones se considera que la verdad histórica debió ser la expresión utilizada para la redacción del artículo 2 del CNPP, como uno de los objetivos medulares del procedimiento penal.

1.4 PRECISIÓN SOBRE LA DENOMINACIÓN. ¿SE TRATA DE UN PROCEDIMIENTO O DE UN PROCESO?

De conformidad con el criterio plasmado en el Código Nacional de Procedimientos Penales, debemos entender que un proceso judicial, consiste en una serie de actuaciones armónicamente concatenadas y realizadas ante un órgano del estado con funciones materialmente jurisdiccionales, es decir, ante un órgano con facultades para decir el derecho, aplicando las normas sustantivas que resultan por naturaleza generales, abstractas e impersonales a un caso concreto y determinado. El término procedimiento se suele aplicar, a las gestiones encaminadas a un propósito determinado que se realizan ante órganos estatales que no precisamente cuentan con facultades jurisdiccionales. Por lo tanto, para la ciencia jurídica -penal los términos 'proceso' y 'procedimiento' no son sinónimos, sino que cuentan con una naturaleza distinta.

El término apropiado cuando nos referimos a la totalidad de las etapas y fases del derecho penal adjetivo es el de 'procedimiento', en el sentido de que la serie de actividades, diligencias o actuaciones se originan ante un órgano del estado eminentemente investigador, que pertenece al poder ejecutivo y carece de facultades jurisdiccionales, como lo es el Ministerio Público. En efecto, *a priori* quien recibe la noticia sobre posible existencia de un hecho que la ley señala como delito es el agente del ministerio público, vía denuncia o querella, de tal suerte que tendrá que realizar una serie de labores de investigación direccionadas a esclarecer los hechos y determinar si efectivamente existe tal delito e identificar a quien probablemente lo cometió, es decir, que el agente del ministerio público habrá de recolectar una serie de datos que se convertirán en antecedentes que formarán parte integrante de un expediente denominado carpeta de investigación.

Conforme se nutra la carpeta de investigación por medio de la recolección de estos antecedentes o datos de prueba, el agente del ministerio público decidirá si se encuentra en aptitud de ejercer la acción penal, lo que se traduce en solicitar la intervención del órgano jurisdiccional – juez de control – quien asumirá la dirección del asunto. De tal suerte que, el procedimiento penal comienza con la denuncia, querella o su equivalente, incluyendo las gestiones de investigación que realiza el ministerio público, luego de la recepción de dicha denuncia o querella. De manera más precisa, al recibirse la denuncia o querella por parte del ministerio público, se detona la primera etapa del procedimiento, denominada 'etapa de investigación en su fase inicial'. No obstante, en el momento en que el ministerio público solicite la intervención del juzgado de control, se judicializará la controversia y subsecuentemente estaremos en presencia de un proceso. Por lo tanto el proceso penal comienza desde que interviene el juez de control en adelante, lo que significa que el proceso en estricto sentido, forma parte del procedimiento penal, iniciando este último mucho antes, desde que el ministerio público realiza su investigación preliminar o inicial. Robustece este criterio lo establecido en el artículo 211 del CNPP, al establecer lo siguiente:

> ***Artículo 211. Etapas del procedimiento penal***
>
> *El* ***procedimiento*** *penal comprende las siguientes etapas:*
>
> *I. La de investigación, que comprende las siguientes fases:*
>
> *a) Investigación inicial, que comienza con la presentación de la denuncia, querella u otro requisito equivalente y concluye cuando el imputado queda a disposición del Juez de control para que se le formule imputación, e b) Investigación complementaria, que comprende desde la formulación de la imputación y se agota una vez que se haya cerrado la investigación;*
>
> *II. La intermedia o de preparación del juicio, que comprende desde la formulación de la acusación hasta el auto de apertura del juicio, y*
>
> *III. La de juicio, que comprende desde que se recibe el auto de apertura a juicio hasta la sentencia emitida por el Tribunal de enjuiciamiento.*
>
> *La investigación no se interrumpe ni se suspende durante el tiempo en que se lleve a cabo la audiencia inicial hasta su conclusión o durante la víspera de la ejecución de una orden de aprehensión.* ***El ejercicio de la acción inicia con la solicitud de***

citatorio a audiencia inicial, puesta a disposición del detenido ante la autoridad judicial o cuando se solicita la orden de aprehensión o comparecencia, *con lo cual el Ministerio Público no perderá la dirección de la investigación.*

El ***proceso*** *dará* **inicio** con la **audiencia inicial**, y **terminará con la sentencia firme.**

Nótese que nuestro legislador utiliza deliberadamente el término procedimiento en el encabezado del ordinal en estudio, para concluir en su último párrafo explicando acertadamente que el proceso en estricto sentido comenzará desde la 'audiencia inicial', hasta la sentencia firme. No debemos confundirnos con los términos audiencia inicial e investigación inicial. La última de las mencionadas se encuentra descrita en el apartado a), de la primera porción normativa del artículo 211 del CNPP, y la audiencia inicial se compone de una serie de gestiones que el ministerio público realiza, pero ya en presencia del juez de control, según lo explica el artículo 307 del CNPP, que determina:

Artículo 307. Audiencia inicial

En la audiencia inicial se informarán al imputado sus derechos constitucionales y legales, si no se le hubiese informado de los mismos con anterioridad, se realizará el **control de legalidad de la detención** si correspondiere**, se formulará la imputación**, se dará la **oportunidad de declarar al imputado**, se resolverá sobre las solicitudes de **vinculación a proceso** y **medidas cautelares** y se **definirá el plazo para el cierre de la investigación.**

En caso de que el Ministerio Público o la víctima u ofendido solicite la procedencia de una medida cautelar, dicha cuestión deberá ser resuelta antes de que se dicte la suspensión de la audiencia inicial.

A esta audiencia deberá concurrir el Ministerio Público, el imputado y su Defensor. La víctima u ofendido o su Asesor jurídico, podrán asistir si así lo desean, pero su presencia no será requisito de validez de la audiencia.

En esta tesitura, el proceso en sentido estricto comenzará hasta que el juez de control, conoce del asunto vía control de detención (si existe flagrancia o detención por caso urgente), o bien la audiencia de formulación de imputación. Antes de estas diligencias realizadas bajo la conducción del juez de control, todo lo realizado forma parte de un procedimiento de investigación.

En síntesis, el término procedimiento penal es adecuado, puesto que las diligencias practicadas no se inician ante un órgano jurisdiccional, como ocurre en otros juicios como los civiles, en los que la parte actora presenta su demanda, misma que es radicada por un juez civil determinado, y que ordena el emplazamiento a juicio de la parte demandada. En materia punitiva, las diligencias se comienzan a practicar por parte de un órgano del poder ejecutivo, que a la postre luego de una labor indagatoria, decidirá si ejercita la acción penal, solicitando la intervención de un juez de control, dando origen al proceso en estricto sentido. Por lo tanto, si habláramos únicamente de proceso penal, estaríamos dejando fuera de nuestra semántica a todas las actividades previas de averiguación o indagación que realiza el ministerio público durante la investigación inicial. Por lo tanto, al derecho penal adjetivo, resulta propio llamarle 'procedimiento penal' y no solamente 'proceso penal', puesto que estaríamos excluyendo una fase esencial del mismo.

En líneas posteriores, se abundará sobre las formas de inicio del procedimiento, la naturaleza, estructura y duración de la etapa de investigación inicial, y desde luego las fases y etapas subsecuentes como la investigación complementaria y audiencia inicial.

1.5 FORMAS DE INICIO DEL PROCEDIMIENTO PENAL.

El procedimiento penal mexicano se detona esencialmente por la presentación de una *denuncia* o de una *querella* ante el ministerio público. A lo antes descrito se le conoce por la doctrina como principio de iniciación, mismo que se encuentra positivizado en el artículo 221 del CNPP, al contemplar expresamente que:

> **Artículo 221. Formas de inicio**
>
> *La investigación de los hechos que revistan características de un delito podrá iniciarse por denuncia, por querella o por su equivalente cuando la ley lo exija. El Ministerio Público y la Policía están obligados a proceder sin mayores requisitos a la investigación de los hechos de los que tengan noticia.*
>
> *Tratándose de delitos que deban perseguirse de oficio, bastará para el inicio de la investigación la comunicación que haga cualquier persona, en la que se haga del conocimiento de la autoridad investigadora los hechos que pudieran ser constitutivos de un delito.*
>
> *Tratándose de informaciones anónimas, la Policía constatará la veracidad de los datos aportados mediante los actos de investigación que consideren conducentes para este efecto. De confirmarse la información, se iniciará la investigación correspondiente. [.....]*

La diferencia esencial entre una denuncia y una querella gira en torno a la legitimación del sujeto que deberá de comparecer ante el agente del ministerio público con la finalidad de realizar una relatoría de hechos que se consideran constitutivos de delito.

1.5.1 Denuncia. Definición.

La **denuncia** consiste en la relatoría circunstanciada de situaciones fácticas, que puede realizar cualquier persona, ante el agente del ministerio público con la finalidad de que este último realice una investigación exhaustiva que le permita determinar si existe un hecho que la ley señala como delito, identificar al probable responsable, y con posterioridad ejercitar la acción penal.

RIVERA SILVA, sostiene que una denuncia *"es la relación de actos que se suponen delictuosos, hecha ante la autoridad investigadora, con el fin de que esta tome conocimiento de ellos"*[7].

De la definición propuesta en esta obra, podemos puntualizar los siguientes elementos:

a. ***Relatoría circunstanciada de situaciones fácticas.*** Significa que la denuncia, en su parte toral debe contener un relato pormenorizado o bien, lo más detallado posible sobre el tiempo, modo y lugar de perpetración del delito. Con la finalidad de proporcionarle al órgano investigador los datos esenciales del hecho delictivo que a la postre, habrá de investigar. Entre más nutrida sea la explicación del denunciante, y más detalles se proporcionen al ministerio público, más ágil será su investigación inicial, pues se encontrará en aptitud de contar con una línea solida de indagación, para el esclarecimiento de tales hechos.

b. ***Realizada por cualquier persona.*** En efecto, en los delitos de persecución oficiosa, cualesquier sujeto se encuentra legitimado para comparecer ante el ministerio público, con la finalidad de solicitar su intervención. Se puede tratar de un particular, o incluso de alguna autoridad que con motivo y en ejercicio de sus funciones se percate de un hecho que revista caracteres de delito, por lo que suele darse el caso de que un órgano de autoridad 'de vista' al agente del ministerio público, verbigracia en caso de alguna probable declaración de falsedad ante cualesquier autoridad con motivo y en ejercicio de sus funciones.

c. ***Ante el órgano investigador.*** El artículo 21 de la Constitución Política de los Estados Unidos Mexicanos, otorga la función persecutoria que se compone de dos grandes momentos al Agente del Ministerio Público

---

7 **RIVERA SILVA**, óp. Cit., pág. 102.

d. ***Objetivo o finalidad de la presentación de la denuncia.*** El resultado de la presentación de una denuncia consiste en detonar la primera etapa del procedimiento penal, que consiste en que el ministerio público realice una investigación científica de los hechos que se sometieron a su conocimiento, y que le permitan robustecer la versión del denunciante, lo que se traduce en determinar si existe un hecho que la ley señala como delito, identificar al probable responsable, y con posterioridad ejercitar la acción penal ante los tribunales de control. En efecto el primer momento de la función persecutoria consiste en la investigación, averiguación o indagación sobre los hechos que revistan caracteres delictivos, de tal suerte que este es el órgano del estado que se encargará de recibir las noticias delictivas, lo que implicará la actividad inherente a la recolección de un caudal probatorio que resulte apto y suficiente para determinar si efectivamente existe un hecho que la ley señala como delito, y en este primer momento al menos la identidad de quien probablemente lo comentó o participó en su comisión. El segundo momento de la función persecutoria consistirá propiamente en el ejercicio de la pretensión punitiva o acción penal, es decir, cuando el ministerio público solicita la intervención jurisdiccional constituyéndose en parte acusadora.[8]

1.5.2. Forma y Contenido de la denuncia.

Tal y como se puntualizó con anterioridad, el procedimiento penal consiste en una serie concatenada de diligencias o ac-

---

8 Lo anterior sin perjuicio de las hipótesis contempladas en el CNPP, sobre el ejercicio de la acción penal por particulares, en los que se prescinde de la participación del Ministerio Público, acudiendo de manera directa ante el **juzgado de control**, no obstante, las hipótesis de procedencia de la acción penal por particular se encuentran limitadas a delitos de bajo impacto social, como se analizará en capítulos posteriores.

tividades realizadas por diversos sujetos procesales, mismas que se encuentran previamente determinadas en normas jurídicas vigentes con anterioridad a la realización de tales actuaciones. De suerte tal que, el actuar de los sujetos procesales no se encuentra improvisado o realizado a capricho. Un claro ejemplo de lo sostenido, es el contenido y la forma mínima que debe contener una denuncia, en virtud de que los lineamientos para la conformación de esta figura jurídica se encuentran establecidos con meridiana claridad en el artículo 223 del CNPP, del que podemos extraer los siguientes requisitos:

a. ***La denuncia podrá formularse por cualquier medio.*** El más usual es por comparecencia verbal ante el ministerio público, aunque suele ocurrir que el denunciante previamente asesorado por un perito en derecho, comparezca ante el órgano investigador con la denuncia plasmada previamente por escrito, en cuyo caso, únicamente habrá de redactarse un acta de ratificación de la denuncia. En los casos en los que una autoridad sea la que tenga conocimiento de los hechos que revisten caracteres de delito, el documento escrito denominado 'vista' para el agente del ministerio público hará las veces de denuncia.[9]

b. ***Deberá contener, salvo los casos de denuncia anónima o reserva de identidad, la identificación del denunciante y su domicilio.*** Por regla general, el imputado tiene derecho de conocer los datos de individualización de su denunciante, no obstante este derecho tendrá que ceder en los casos en que se advierta a existencia de peligro contra la integridad física o la vida misma del denunciante. El artículo 20 de la CPEUM,

---

[9] El artículo 51 del CNPP, establece que: Durante todo el proceso penal, se podrán utilizar los medios electrónicos en todas las actuaciones para facilitar su operación, incluyendo el informe policial; así como también podrán instrumentar, para la presentación de denuncias o querellas en línea que permitan su seguimiento.

apartado C, fracción V, consagra la posibilidad de reservar la identidad del denunciante, en las hipótesis ya referidas. De tal suerte, que el imputado podrá conocer el contenido de la denuncia, es decir, el relato circunstanciado de los hechos, pero no podrá conocer el nombre y los datos generales del denunciante, por estimarse de mayor valía la integridad física o la vida de este sujeto procesal.

c. ***La narración circunstanciada del hecho, la indicación de quién o quiénes lo habrían cometido y de las personas que lo hayan presenciado o que tengan noticia de él y todo cuanto le constare al denunciante.*** Una parte toral de la estructura de la denuncia será la relatoría pormenorizada sobre las circunstancias de tiempo, modo y lugar de perpetración del delito. Entre más detallada, nutrida y certera sea la narración del denunciante, mayores elementos y líneas sólidas de investigación se le proporcionarán al ministerio público, facilitando el esclarecimiento de los hechos. Claro está, que en ocasiones resulta imposible proporcionar detalles sobre la identidad de aquel o aquellos que cometieron el delito, trasladando la carga de la identificación al ministerio público. Igualmente ocurre con los atestes del delito, a los que en caso de que el denunciante logre identificar, deberá hacerlo saber al ministerio público, ahorrando tiempo y diligencias indagatorias por practicar, sin embargo en caso de ignorar la identidad o datos de localización de los órganos de prueba, de nueva cuenta la carga de su localización se trasladará al ministerio público.

d. ***En el caso de que la denuncia se haga en forma oral, se levantará un registro en presencia del denunciante, quien previa lectura que se haga de la misma, lo firmará junto con el servidor público que la reciba.*** En los casos en los que el denunciante comparezca de manera espontánea ante el ministerio público, se le canalizará a la unidad de investigación o departamento especializado correspondiente, en donde se le escuchará y se redactará un acta que contenga los requisitos a que el artículo 223 se refiere. Además deberá asentarse el lugar, la fecha y la hora en la que se realizó esta diligencia, lo anterior aplicando la regla general contenida en el artículo 48 del CNPP, que establece que *"Los actos procesales podrán ser realizados en cualquier día y a cualquier hora, sin necesidad de previa habilitación. Se* ***registrará el lugar, la hora y la fecha en que se cumplan.*** *La omisión de estos datos no hará nulo el acto, salvo que no pueda determinarse, de acuerdo con los datos del registro u otros conexos, la fecha en que se realizó".*

e. ***La denuncia escrita será firmada por el denunciante. En ambos casos, si el denunciante no pudiere firmar, estampará su huella digital, previa lectura que se le haga de la misma.*** Evidentemente se requerirá la firma del denunciante con la finalidad de brindar certeza a su comparecencia, no obstante en los casos en los que no supiere o pudiere firmar el compareciente, se plasmará su huella digital. Lo mismo ocurrirá en los casos de denuncia con reserva de identidad, en los casos en los que la firma pueda revelar el nombre del denunciante, únicamente se solicitará su huella digital.

El dispositivo 222 del CNPP determina el deber de denunciar que recae en toda persona, con las excepciones a las que el último párrafo de dicho artículo prevé:

> **Artículo 222. Deber de denunciar**
>
> Toda persona a quien le conste que se ha cometido un hecho probablemente constitutivo de un delito está obligada a denunciarlo ante el Ministerio Público y en caso de urgencia ante cualquier agente de la Policía.
>
> Quien en ejercicio de funciones públicas tenga conocimiento de la probable existencia de un hecho que la ley señale como delito, está obligado a denunciarlo inmediatamente al Ministerio Público, proporcionándole todos los datos que tuviere, poniendo a su disposición a los imputados, si hubieren sido detenidos en flagrancia. Quien tenga el deber jurídico de denunciar y no lo haga, será acreedor a las sanciones correspondientes.

Cuando el ejercicio de las funciones públicas a que se refiere el párrafo anterior, correspondan a la coadyuvancia con las autoridades responsables de la seguridad pública, además de cumplir con lo previsto en dicho párrafo, la intervención de los servidores públicos respectivos deberá limitarse a preservar el lugar de los hechos hasta el arribo de las autoridades competentes y, en su caso, adoptar las medidas a su alcance para que se brinde atención médica de urgencia a los heridos si los hubiere, así como poner a disposición de la autoridad a los detenidos por conducto o en coordinación con la policía.

No estarán obligados a denunciar quienes al momento de la comisión del delito detenten el carácter de tutor, curador, pupilo, cónyuge, concubina o concubinario, conviviente del imputado, los parientes por consanguinidad o por afinidad en la línea recta ascendente o descendente hasta el cuarto grado y en la colateral por consanguinidad o afinidad, hasta el segundo grado inclusive.

1.5.3. Querella. Definición.

Por su parte la querella, surte los mismos efectos, y tiene los mismos fines, sin embargo, no cualquier persona se encuentra legitimada para comparecer ante el agente del ministerio público, en virtud de que por tratarse de delitos de menor impacto, la misma norma jurídica determina que únicamente la víctima, el ofendido o su legítimo representante serán quienes puedan apersonarse ante el órgano investigador, para solicitar su intervención.

El artículo 225 del CNPP, define esta la figura jurídica de la siguiente manera: *"La **querella** es la expresión de la voluntad de la víctima u ofendido o de quien legalmente se encuentre facultado para ello, mediante la cual manifiesta expresamente ante el Ministerio Público su pretensión de que se inicie la investigación de uno o varios hechos que la ley señale como delitos y que requieran de este requisito de procedibilidad para ser investigados y, en su caso, se ejerza la acción penal correspondiente".*

Siguiendo el criterio de nuestra autoría, la **querella** consiste en la relatoría circunstanciada de situaciones fácticas, que puede realizar única y exclusivamente la víctima, el ofendido o su legítimo representante, ante el agente del ministerio público con la finalidad de que esta último realice una investigación exhaustiva que le permita determinar si existe un hecho que la ley señala como delito, identificar al probable responsable, y con posterioridad ejercitar la acción penal.

Por su parte, **RIVERA SILVA**, propone definir querella como *"la relación de hechos expuesta por el ofendido, ante el órgano investigador, con el deseo manifiesto de que se persiga al autor del delito"*[10]

Por lo tanto, la esencia de las figuras conocidas como denuncia y querella se puede sintetizar como sigue:

DENUNCIA	QUERELLA
Relato de hechos.	Relato de hechos.
Circunstanciado.	Circunstanciado.
Se realiza ante el agente del Ministerio Público.	Se realiza ante el agente del Ministerio Público.
Detona la primera etapa del procedimiento penal, es decir la etapa de investigación inicial.	Detona la primera etapa del procedimiento penal, es decir la etapa de investigación inicial.
Una vez presentada, el ministerio público continúa oficiosamente con la investigación.	Una vez presentada, el ministerio público continúa oficiosamente con la investigación.
Puede presentarla cualesquier persona, afectada o no, haya sufrido las consecuencias del delito o no.	Debe presentarla únicamente la víctima, el ofendido o su legítimo representante.

En síntesis, el procedimiento penal, en su primera etapa denominada investigación inicial se detona con presentación de una denuncia o de una querella, radicando la diferencia medular entre estas dos figuras únicamente la persona que se

10 RIVERA SILVA, óp. Cit. Pág. 116.

encuentra legitimada para comparecer ante el órgano investigador. Ahora bien, para encontrarnos en aptitud de advertir cuales delitos se perseguirán de manera oficiosa (por denuncia), o bien cuales injustos requerirán ineludiblemente la presencia de la víctima, del ofendido o de su legítimo representante, basta con remitirnos a los catálogos existentes para tal efecto. Tradicionalmente, los códigos de procedimientos penales de las entidades federativas contienen un catálogo de delitos que se perseguirán solamente a petición de la víctima, ofendido o su representante legal, y basta con recurrir a este listado de delitos mencionado en el dispositivo correspondiente con la finalidad de precisar si el legislador permite que cualesquier persona pueda hacer del conocimiento del agente del ministerio público la relatoría circunstanciada de hechos constitutivos de delito, o bien se exigirá la presencia de la víctima, ofendido o representante.

Luego la expedición del CNPP, podemos realizar una búsqueda exhaustiva dentro de este cuerpo normativo sin que podamos encontrar el catálogo de referencia, de tal suerte que las entidades federativas, que han emitido la declaratoria de inicio de vigencia del CNPP, se han visto en la necesidad de incorporar este catálogo en la codificación sustantiva penal, especificando los delitos que deberán perseguirse por querella, lo anterior ante la carencia de esta regulación en el CNPP, lo que se traduce en la libertad para cada estado de la república mexicana, para determinar cuáles delitos deberán de perseguirse a petición de las personas ya mencionadas, o bien cuales podrán perseguirse por la denuncia realizada por cualesquier sujeto ante el ministerio público, lo anterior tratándose de delitos del fuero común, ya que el Código Penal Federal hace lo propio, al indicar expresamente en distintos párrafos dispersos en su estructura, y no en un catálogo contenido en un solo numeral, cuáles serán los delitos perseguibles previa querella.

Tanto en el fuero común, como en materia federal, cuando no se especifica que un determinado injusto se perseguirá previa querella, se entiende que su persecución será oficiosa, es decir, por denuncia presentada por cualquier sujeto.

Por lo tanto, el abogado litigante que decida asesorar a un cliente, luego de que se le relaten las situaciones fácticas de relevancia jurídica, deberá inicialmente de verificar cual es la hipótesis normativa a la que se ajusta la descripción realizada, y una vez que realice una clasificación jurídica determinada, es decir, una vez que se realice el razonamiento que concluya si la problemática se ajusta a algún tipo penal en específico, entonces deberá verificar si pertenece a los delitos perseguibles por querella, con la finalidad de establecer si el ministerio público exigirá en su momento la presencia directa y expresa de la víctima, ofendido o su legítimo representante legal, y desde luego acreditar desde el inicio el papel que ostenta dicha persona.

1.6. LA INVESTIGACIÓN INICIAL.

Definición. La investigación en su fase inicial, es aquella que tiene como finalidad el esclarecimiento de los hechos materia de la denuncia o querella,[11] mediante la recolección de datos de prueba que permitan verificar al ministerio público la existencia de un hecho que la ley señale como delito, así como la identidad de quien probablemente lo cometió o participó en su comisión, para que en su caso se solicite con posterioridad la intervención jurisdiccional por medio del ejercicio de la acción penal.

---

11 Recordemos que el CNPP en su artículo 211, fracción I, inciso a), establece que la Investigación inicial comienza con la presentación de la denuncia, querella u otro requisito equivalente y concluye cuando el imputado queda a disposición del Juez de control para que se le formule imputación, y es precisamente con la imputación, cuando se detona la fase complementaria de la etapa de investigación.

La etapa de investigación, en su fase inicial, consiste en una serie de actividades dirigidas por el agente del ministerio público, orientadas a la averiguación o indagación de los hechos que fueron sometidos a su conocimiento vía denuncia o querella. En esta fase inicial, el órgano jurisdiccional – salvo determinadas diligencias que requieren autorización judicial -, aún no tendrá intervención, ni siquiera tendrá conocimiento de la existencia de una carpeta de investigación en proceso de integración. En la investigación inicial, el director del procedimiento será el órgano investigador, quien deslindará las responsabilidades, y en su caso decidirá si someterá el asunto al conocimiento del poder judicial, o bien emitirá alguna resolución diversa como el auto de no ejercicio de la acción penal, en el que se negará a judicializar el procedimiento, verbigracia por considerar que la conducta cometida no reviste caracteres de delito, es decir que no existe delito que perseguir.

Sustentan lo anteriormente puntualizado los artículos 212 y 213 del CNPP, que a la letra establecen:

> *Artículo 212. Deber de investigación penal*
>
> *Cuando el Ministerio Público tenga conocimiento de la existencia de un hecho que la ley señale como delito, dirigirá la **investigación** penal, sin que pueda suspender, interrumpir o hacer cesar su curso, salvo en los casos autorizados en la misma.*
>
> *La investigación deberá realizarse de manera inmediata, eficiente, exhaustiva, profesional e imparcial, libre de estereotipos y discriminación, orientada a explorar todas las líneas de investigación posibles que permitan allegarse de datos para el **esclarecimiento del hecho que la ley señala como delito, así como la identificación de quien lo cometió o participó en su comisión.***
>
> *Artículo 213. Objeto de la investigación*
>
> *La investigación tiene por objeto que el Ministerio Público reúna **indicios para el esclarecimiento de los hechos y, en su caso,***

> ***los datos de prueba para sustentar el ejercicio de la acción penal,*** *la acusación contra el imputado y la reparación del daño.*

En cuanto a la duración de la etapa de investigación inicial, deberá de entenderse de manera ordinaria, que no existe más límite que la prescripción, es decir, la imposibilidad ejercitar la acción penal por el solo transcurso del tiempo. El artículo 485 del CNPP, en su VII porción normativa establece que la prescripción es una causa de extinción de la acción penal, por lo tanto, mientras no opere la prescripción de la pretensión punitiva, el agente de ministerio público se encontrará en aptitud de judicializar el procedimiento. Debe precisarse que al tenor de lo establecido en el ordinal 211, penúltimo parágrafo de la Codificación Adjetiva en estudio, el inicio del ejercicio de la acción penal se verifica desde que el ministerio público solicita citatorio (es decir que se programe) la audiencia inicial, o desde el momento en que se pone a disposición del juez de control a una persona detenida por flagrancia o caso urgente, o bien, cuando se solicita directamente una orden de aprehensión por existir la necesidad de la cautela. De más está decir, que el inicio del ejercicio de la acción penal interrumpe la prescripción, al tenor de los siguientes criterios:

> ***PRESCRIPCIÓN DE LA ACCIÓN PENAL. SE INTERRUMPE CON LA SOLICITUD DEL MINISTERIO PÚBLICO DE AUDIENCIA PARA FORMULAR LA IMPUTACIÓN*** *(LEGISLACIÓN DEL ESTADO DE CHIHUAHUA).*[12]
>
> ***Hechos:*** *Los Tribunales Colegiados de Circuito contendientes analizaron si el Ministerio Público interrumpe la prescripción de la acción penal, cuando solicita audiencia para formular la imputación, o bien, la interrupción sólo se logra con la apre-*

[12] Suprema Corte de Justicia de la Nación, Registro digital: 2022573, Jurisprudencia, Materias(s): Penal, Décima Época, Instancia: Plenos de Circuito, Fuente: Semanario Judicial de la Federación Tomo: Libro 81, Diciembre de 2020, Tesis: PC.XVII. J/28 P (10a.), Página: 1285.

hensión del imputado o con su comparecencia ante la autoridad judicial, si en virtud de la misma queda a su disposición, y llegaron a conclusiones diferentes, ya que uno sostuvo que se interrumpe porque se puede considerar como una consignación ante el Juez de Control en la que se ejercita la acción penal, mientras que el otro implícitamente resolvió que la interrupción ocurre con la aprehensión del imputado o con su comparecencia ante la autoridad judicial.

Criterio jurídico: *El Pleno del Decimoséptimo Circuito considera que conforme al artículo 276 del Código de Procedimientos Penales del Estado de Chihuahua (vigente hasta el 12 de junio de 2016), la sola solicitud de la audiencia para formular la imputación obliga a individualizar al imputado, a su defensor, si lo ha designado, y se indica el delito, lo que constituye el inicio del ejercicio de la acción penal y, por tanto, es presupuesto procesal indispensable para que el Ministerio Público materialice el ejercicio de la acción penal a través de la acusación, por ser una clara intención de su ejercicio,* **lo que es acorde con lo previsto en el artículo 211, penúltimo párrafo, del Código Nacional de Procedimientos Penales. De ahí que la referida solicitud interrumpa el plazo genérico de prescripción establecido en el artículo 105 del Código Penal del Estado de Chihuahua, independientemente de la forma en que se realice.**

Justificación. *Lo expuesto es así, pues no puede desconocerse que al igual que la actuación de la "consignación", la indicada solicitud constituye el momento en el que se hacen del conocimiento del Juez los resultados de la investigación inicial y que se consideran bastantes para formular la imputación. La Primera Sala de la Suprema Corte de Justicia de la Nación en la tesis aislada 1a. LXXXI/2019 (10a.), de título y subtítulo: "EJERCICIO DE LA ACCIÓN PENAL. LA FORMULACIÓN DE LA ACUSACIÓN CORRESPONDE AL FISCAL EN TÉRMINOS DEL ARTÍCULO 21, SEGUNDO PÁRRAFO, DE LA CONSTITUCIÓN POLÍTICA DE LOS ESTADOS UNIDOS MEXICANOS.", determinó que el ejercicio de la acción penal corresponde al Ministerio Público y se materializa en la acusación; por tanto, no debe sancionarse al Ministerio Público por un tiempo que es ajeno a su función constitucional, lo que sería tanto como sostener que el derecho prescribe mientras se ejerce. En tal hipótesis – interrupción de la prescripción–, el plazo para prescribir nuevamente empezará a contar a partir de que el Ministerio*

Público reciba el oficio de aprehensión, reaprehensión, presentación o cualquiera de los supuestos previstos en el segundo párrafo del artículo 114 del Código Penal Estatal, el cual sólo podrá interrumpirse con la aprehensión del imputado o con su comparecencia ante a la autoridad judicial, si en virtud de la misma queda a su disposición. Esta interpretación es acorde con el objeto del proceso penal, consagrado en el artículo 20, apartado A, fracción I, de la Constitución Política de los Estados Unidos Mexicanos.

PLENO DEL DECIMOSÉPTIMO CIRCUITO. [...].

PRESCRIPCIÓN DE LA ACCIÓN PENAL. EL CÓMPUTO DEL PLAZO PARA QUE OPERE SE INTERRUMPE POR EL EJERCICIO DE LA ACCIÓN PENAL, QUE DA INICIO SÓLO EN CUALQUIERA DE LAS HIPÓTESIS DEFINIDAS EN EL ARTÍCULO 211 DEL CÓDIGO NACIONAL DE PROCEDIMIENTOS PENALES Y NO CON LA SOLICITUD DE AUDIENCIA PARA DIRIMIR LA COMPETENCIA DEL JUEZ DE CONTROL. Para que opere el sobreseimiento del proceso, por la causal relativa a la extinción de la acción penal, con motivo de su prescripción, conforme al artículo 327, fracción VI, en relación con el diverso 485, fracción VII, ambos del Código Nacional de Procedimientos Penales, debe considerarse que el cómputo del plazo de esta última sólo se interrumpe por el ejercicio de la acción penal, conforme a la jurisprudencia por contradicción de tesis 1a./J. 152/2005, emitida por la Primera Sala de la Suprema Corte de Justicia de la Nación, de rubro: "ACCIÓN PENAL. LA CONSIGNACIÓN INTERRUMPE SU PRESCRIPCIÓN."; y que el artículo 211 del código citado es exacto al prever que el ejercicio de la acción penal inicia únicamente en tres hipótesis, bien delimitadas: a) con la solicitud de citatorio a audiencia inicial; b) con la puesta a disposición del detenido ante la autoridad judicial; o, c) cuando se solicita la orden de aprehensión o comparecencia; y que el proceso inicia con la audiencia inicial y termina con la sentencia firme. En ese contexto, al contar con una disposición clara y concreta, no ha lugar a efectuar un ejercicio interpretativo, en el sentido de que se ejerció acción penal con la solicitud del Ministerio Público de señalar fecha y hora de audiencia para dirimir la competencia del Juez de control, pues esta hipótesis no se encuentra contenida en la legislación penal aplicable y, por ende, en atención al principio de legalidad, como una garantía del derecho humano a la seguridad jurídica, acorde con el cual, las autoridades sólo pueden hacer aquello para lo que expresamente les facultan las leyes, es ilegal que la autoridad responsable incluya un supuesto no previsto jurídicamente para el ejercicio de la acción penal; máxime que la competencia del juzgador, como presupuesto procesal, es dable dirimirla en los momentos y las vías establecidas en el propio código, en sus artículos del 20 al 29, sin que se advierta la posibilidad de dirimirla en una audiencia preliminar al ejercicio de la acción penal, y mucho menos que con ella se dé por ejercida la acción penal, e iniciado el proceso. SEGUNDO TRIBUNAL COLEGIADO EN MATERIA PENAL DEL SEXTO CIRCUITO. Amparo en revisión 132/2019. 26 de septiembre de 2019. Unanimidad de votos. Ponente: Arturo Mejía Ponce de León. Secretaria: María del Rocío Moctezuma Camarillo. Nota: La tesis de jurisprudencia 1a./J. 152/2005 citada, aparece publicada en el Semanario Judicial de la Federación y su Gaceta, Novena Época, Tomo XXIII, febrero de 2006, página 84, con número de registro digital: 176054. Esta tesis se publicó el viernes 10 de enero de 2020 a las 10:11 horas en el Semanario Judicial de la Federación.

No resulta ocioso, invocar la jurisprudencia por contradicción emitida por la Primera Sala de la Suprema Corte de Justicia de la Nación, a la que se refiere el criterio que se cita en supra líneas, toda vez que a pesar de la fecha en que fue emitida la primera, contiene razonamientos igualmente aplicables al caso concreto:

ACCIÓN PENAL. LA CONSIGNACIÓN INTERRUMPE SU PRESCRIPCIÓN. Si se considera que el ejercicio de la acción penal se inicia con la consignación, resulta incongruente estimar que ésta no interrumpe la prescripción de la acción penal, toda vez que sería tanto como estimar que el derecho prescribe mientras se ejerce. En efecto, no puede estimarse que tal acción se extinga al iniciar su ejercicio, pues la prescripción se da ante la inactividad (no ejercicio) del Ministerio Público respecto al derecho de persecución del cual es titular. Así, la prescripción sólo se configurará por no ejercerse la acción penal y se interrumpirá con el inicio de su ejercicio, esto es, con la consignación. Si bien el artículo 137 del Código de Defensa Social del Estado de Puebla no señala de manera expresa, como sí lo hace respecto a la aprehensión, que la consignación interrumpe la prescripción, ello obedece a que tal precepto está referido al momento en que ya puede procederse a la detención de conformidad con el artículo 109 del mismo ordenamiento legal, esto es, una vez que ya se ha hecho la consignación, acto este último con el que, como quedó apuntado, inicia el ejercicio de la acción penal, el cual, si bien forma parte de la averiguación previa, lo cierto es que interrumpe la prescripción de la acción penal, pues es un acto tendente a la persecución del delito. Contradicción de tesis 83/2005-PS. Entre las sustentadas por el Primer y Segundo Tribunales Colegiados, ambos en Materia Penal del Sexto Circuito. 28 de septiembre de 2005. Mayoría de tres votos. Ausente: Juan N. Silva Meza. Disidente: José de Jesús Gudiño Pelayo. Ponente: Olga Sánchez Cordero de García Villegas. Secretaria: Ana Carolina Cienfuegos Posada. Tesis de jurisprudencia 152/2005. Aprobada por la Primera Sala de este Alto Tribunal, en sesión de fecha cuatro de noviembre de dos mil cinco.

PRESCRIPCIÓN DE LA ACCIÓN PENAL. EL ARTÍCULO 171, ÚLTIMO PÁRRAFO, DEL CÓDIGO PENAL DE COAHUILA, VIGENTE HASTA EL 17 DE MAYO DE 2013, AL ESTABLECER QUE NO SE INTERRUMPIRÁ NI SE SUSPENDERÁ CON SU EJERCICIO, NI CON LA PETICIÓN DE ORDEN DE APREHENSIÓN O DE COMPARECENCIA, ES INCONVENCIONAL POR INFRINGIR LOS PRINCIPIOS CONTENIDOS EN LOS ARTÍCULOS 8, NUMERAL 1 Y 25 DE LA CONVENCIÓN AMERICANA SOBRE DERECHOS HUMANOS. Acorde con las consideraciones de la ejecutoria del expediente varios 912/2010, de catorce de julio de dos mil once, emitida por el Tribunal Pleno de la Suprema Corte de Justicia de la Nación, en la que se atendieron los lineamientos contenidos en la sentencia de veintitrés de noviembre de dos mil nueve, dictada por la Corte Interamericana de Derechos Humanos en el caso "Rosendo Radilla Pacheco" contra los Estados Unidos Mexicanos; y en atención al principio pro personae, establecido en el artículo 1o. de la Constitución Política de los Estados Unidos Mexicanos, el cual exige que las normas relativas a los derechos humanos se interpreten de conformidad con la propia Constitución y con los tratados internacionales de los que México sea parte, de forma que favorezca ampliamente a las personas, los órganos del Poder Judicial de la Federación cuentan con la facultad de llevar a cabo el control de convencionalidad ex officio entre las normas de derecho interno y la Convención Americana sobre Derechos Humanos, así como los criterios vinculantes y orientadores de la Corte Interamericana de Derechos Humanos. Ahora bien, partiendo del marco jurídico de referencia, se estima que el artículo 171, último párrafo, del Código Penal de Coahuila (vigente hasta el 17 de mayo de 2013), que refiere: "La prescripción de la acción penal no se interrumpirá ni se suspenderá con su ejercicio, ni con la petición de orden de aprehensión o de comparecencia", es inconvencional. Lo anterior, en virtud de que dicha disposición infringe los principios contenidos en los artículos 8, numeral 1 y 25 de la Convención Americana sobre Derechos Humanos, que contemplan las garantías tendentes a la protección de las víctimas y familiares de los delitos, particularmente, las relativas a la prescripción penal y a la falta de diligencia en la investigación de los ilícitos, respecto de las cuales se ha pronunciado la citada Corte Interamericana, al resolver los casos "Albán Cornejo y otros vs Ecuador"; "Barrios Altos vs Perú"; "Bulacio vs Argentina" y, "Almonacid Arellano y otros vs Chile". En efecto, en estos asuntos se destacan los principios convencionales de la prescripción del ejercicio de la acción penal, al establecer que tratándose de delitos graves que impliquen violaciones de derechos humanos, son inadmisibles las disposiciones de prescripción o cualquier obstáculo de derecho interno mediante el cual se pretenda impedir la investigación y sanción de los responsables de tales violaciones. Asimismo, que, si los delitos no graves pueden ser sujetos de prescripción, ello no es obstáculo para que en tales casos se proceda al análisis de las normas legales de derecho, a fin de examinar si son acordes con los mencionados principios contenidos en la Convención y señalados en la jurisprudencia emitida por la Corte Interamericana de Derechos Humanos. Cierto, el hecho de que el mencionado artículo 171 establezca expresamente que la prescripción de la acción penal no se interrumpirá ni se suspenderá con su ejercicio, implica un obstáculo en la sanción de los delitos y dificulta el acceso de las víctimas a los tribunales, sin que esta traba se encuentre justificada o se estime razonable. Por tanto, es inaceptable que el ejercicio de la acción penal, realizado por el Ministerio Público, no se considere como un acto que interrumpa el término para declarar su prescripción, pues este acto implica necesariamente la solicitud al Juez correspondiente para que proceda a la apertura del juicio. Estimar lo contrario, implicaría un detrimento de la víctima del delito o sus familiares, al acceso a la jurisdicción, incluso, cuando se hubiese ejercido la acción penal oportunamente y por dilaciones procesales atribuibles a las autoridades judiciales, hubiere transcurrido el término perentorio; pues la eventual declaratoria de prescripción bajo los anteriores parámetros, implica la absolución de los inculpados y, en consecuencia, un menoscabo al derecho humano de la víctima. PRIMER TRIBUNAL COLEGIADO DE CIRCUITO DEL CENTRO AUXILIAR DE LA DÉCIMA REGIÓN. Amparo directo 755/2012 (cuaderno auxiliar 726/2012). 24 de mayo de 2013. Unanimidad de votos. Ponente: Alejandro Alberto Albores Castañón. Secretario: Romeo de Jesús Soberano Noroña. Nota: La ejecutoria relativa al expediente varios 912/2010 citada, aparece publicada en el Semanario Judicial de la Federación y su Gaceta, Décima Época, Libro I, Tomo 1, octubre de 2011, página 313.

PRESCRIPCIÓN DE LA ACCIÓN PENAL. EL ÚLTIMO PÁRRAFO DEL ARTÍCULO 102 DEL CÓDIGO PENAL PARA EL ESTADO DE MORELOS, AL ESTABLECER QUE DURANTE LA SEGUNDA MITAD DEL PLAZO PARA QUE OPERE, AQUÉLLA SÓLO SE INTERRUMPIRÁ POR LA DETENCIÓN DEL INCULPADO, ES INCONVENCIONAL Y DEBE INAPLICARSE, POR SER CONTRARIO A LOS ARTÍCULOS 8, NUMERAL 1 Y 25 DE LA CONVENCIÓN AMERICANA SOBRE DERECHOS HUMANOS. El último párrafo del artículo 102 del Código Penal para el Estado de Morelos, al establecer que durante la segunda mitad del plazo establecido para que opere la prescripción, ésta sólo se interrumpirá por la detención del inculpado, es inconvencional y debe inaplicarse, por ser contrario a los artículos 8, numeral 1 y 25 de la Convención Americana sobre Derechos Humanos, ya que dicha porción normativa obstaculiza la sanción de los responsables de los delitos y dificulta el acceso de la víctima u ofendido a los tribunales, y a las garantías judiciales y de protección judicial, pues la eventual declaratoria de prescripción bajo los parámetros mencionados, implica la absolución del inculpado y, en consecuencia, un menoscabo al derecho humano de la víctima; máxime cuando es consecuencia de la inactividad del Ministerio Público, como órgano de procuración de justicia, por lo que la víctima u ofendido no es responsable de velar por la celeridad de la actuación en el desarrollo del proceso penal, ni por la falta de la debida diligencia de las autoridades; más aún, cuando el interés e intención de aquélla se satisfizo con la noticia que se dio del delito a través de la denuncia o querella dentro del término establecido en la ley; no considerarlo así, sería aceptar que es jurídico y válido que se declare la prescripción de un derecho mientras se está ejerciendo. Sin que lo anterior implique que la prescripción, en

> *casos de delitos no graves, a la luz del derecho internacional de los derechos humanos, sea inconvencional y deba desaplicarse, sino que la inaplicación en el caso, deriva de los términos establecidos en la propia norma analizada. TERCER TRIBUNAL COLEGIADO DEL DÉCIMO OCTAVO CIRCUITO.*

Ahora bien, retomando el tema inherente a la investigación en su fase inicial, durante la misma, el agente del ministerio público podrá realizar una pluralidad de diligencias inherentes al esclarecimiento de los hechos materia de la denuncia o querella, como las siguientes:

a. Recepción de testimonios.

b. Realización de mecanismos de perfeccionamiento de los testimonios, tales como reconocimientos de personas, dentro de la cámara de Gesell, o bien por medio de fotografías.

c. Aseguramiento de evidencia material, con la debida cadena de custodia, incluso la práctica de cateos (autorizados por la autoridad jurisdiccional) con la finalidad de localizar objetos relacionados con el delito investigado.

d. Solicitud y/o recepción de dictámenes periciales.

e. Solicitud y/o recepción de informes policiales sobre investigaciones de campo realizadas por las policías de investigación o ministeriales.

f. Recepción de informes de diversas autoridades que pueden tener en su poder datos relacionados con el delito investigado.

g. Cualquier otro dato que la ciencia y la tecnología puedan aportar a través de técnicas o de actos de investigación establecidos en la Codificación Adjetiva en estudio.

Luego de la recopilación información apta y suficiente, el ministerio público decidirá si cuenta con elementos pertinentes para solicitar la intervención judicial, mediante el ejercicio de la acción penal.

1.6.1. La flagrancia.

Se ha referido en supra líneas, que la investigación inicial no tendrá más límite que la prescripción de la pretensión punitiva. En efecto, esta será la regla general, sin embargo, existe una figura que, en algunos casos, podrá reducir superlativamente la duración de la investigación inicial a 48 horas (o su ampliación tratándose de delincuencia organizada), como lo es la figura de la flagrancia.

Para ser congruentes con el trato que brinda el Código Nacional de Procedimientos Penales, en torno a los supuestos de flagrancia, podemos definir esta figura de conformidad con los supuestos que encapsula o comprende:

Definición. La flagrancia es una figura jurídica que consiste en sorprender al sujeto activo en el momento mismo de la comisión de un delito, o bien, momentos inmediatos posteriores siempre que exista una persecución material e ininterrumpida, o el señalamiento de la víctima, ofendido, un testigo o de alguien que haya participado en la comisión del ilícito, o en su caso que se localicen vestigios de que haya intervenido en la comisión del mismo, debiéndose materializar tanto el señalamiento como la localización de estos objetos, productos o instrumentos, también en momentos inmediatos posteriores a la comisión del delito. Tal acontecimiento autoriza a cualquier individuo a realizar una detención inmediata, con el deber de ponerlo inmediatamente a disposición de la autoridad más cercana, que por lógica nos referimos a los cuerpos de seguridad pública, y estos con la misma inmediatez, deberán ponerlo a disposición del ministerio público. En el supuesto, de que el agente captor no resulte ser un civil, sino directamente un agente policial, como resulta más frecuente, únicamente obviamos el primer paso, debiendo la autoridad policial poner al detenido de manera inmediata a disposición del órgano investigador.

Como podemos advertir, no existe un término específico para poner a disposición del ministerio público al detenido, solamente se trata de un 'lapso inmediato', lo que implica prontitud, rapidez, y ninguna dilación injustificada, dependiente de las circunstancias de tiempo, modo y sobre todo lugar de la captura, ya que en caso de tratarse de un lugar geográficamente lejano a alguna cede ministerial, podrán transcurrir incluso horas, sin que esto dé motivo a considerar arbitraria la dilación, desde luego, el ministerio público en un primer momento analizará la circunstancias de la detención realizada por el agente captor, pudiendo de oficio dejarla sin efectos y en su caso, dar vista por alguna responsabilidad en caso de que resulte manifiesta alguna arbitrariedad por parte del agente captor. Sin perjuicio de que el ministerio público examine las circunstancias de la detención, y pudieran pasar inadvertidas irregularidades en la misma, con posterioridad el órgano jurisdiccional tomará conocimiento sobre las circunstancias de la captura.

En el CNPP, podremos encontrar reguladas las hipótesis o supuestos de flagrancia de la siguiente manera:

> **Artículo 146. Supuestos de flagrancia**
>
> Se podrá detener a una persona sin orden judicial en caso de flagrancia. Se entiende que hay flagrancia cuando:
>
> **I.** La persona es detenida en el momento de estar cometiendo un delito, o
>
> **II.** Inmediatamente después de cometerlo es detenida, en virtud de que:
>
> **a)** Es sorprendida cometiendo el delito y es perseguida material e ininterrumpidamente, o
>
> **b)** Cuando la persona sea señalada por la víctima u ofendido, algún testigo presencial de los hechos o quien hubiere intervenido con ella en la comisión del delito y cuando tenga en su poder instrumentos, objetos, productos del delito o se cuente

> con información o indicios que hagan presumir fundadamente que intervino en el mismo.
>
> Para los efectos de la fracción II, inciso b), de este precepto, se considera que la persona ha sido detenida en flagrancia por señalamiento, siempre y cuando, inmediatamente después de cometer el delito no se haya interrumpido su búsqueda o localización.

En cuanto al trámite de la detención por flagrante delito, de los ordinales 147, 148 y 149 del CNPP, se puede destacar lo siguiente:

a. **Cualquier persona** podrá detener a otra en la comisión de un delito flagrante.

b. **El captor debe entregar inmediatamente** al detenido a la autoridad más próxima y ésta con la misma prontitud al Ministerio Público.

c. Los **cuerpos de seguridad pública** estarán obligados a detener a quienes cometan un delito flagrante y realizarán el registro de la detención. La inspección realizada por los cuerpos de seguridad al imputado deberá conducirse conforme a los lineamientos establecidos para tal efecto en el presente Código. En este caso o cuando reciban de cualquier persona o autoridad a una persona detenida, deberán ponerla de inmediato ante el Ministerio Público, quien realizará el registro de la hora a la cual lo están poniendo a disposición.

d. **El Ministerio Público** inmediatamente que le es puesto a su disposición un detenido por flagrancia, **deberá examinar**[13] las circunstancias en las que se realizó la captura.

---

13 A esta diligencia se le conoce como "examen de la detención" y es el primer estudio que se realiza sobre la legalidad de la misma. Esta diligencia es obligatoria, en virtud de que tal y como se ha explicado, cualquier civil puede detener a un delincuente en el momento mis-

Si la detención no fue realizada conforme a lo previsto en la CPEUM y el CNPP, el órgano investigador deberá ordenar la liberación inmediata y sin dilación del detenido, y desde luego deberá dar vista a la unidad correspondiente para la aplicación de las sanciones disciplinarias o penales que correspondan a quien haya realizado una detención evidentemente arbitraria.

e. El ministerio público podrá **retener** al sujeto activo durante **48 horas** posteriores al momento al que le fue puesto a disposición, este plazo no se encuentra señalado expresamente en el CNPP, sino que se aplica lo dispuesto en el artículo 16 de la CPEUM, que claramente establece que la retención ante el ministerio público, en caso de flagrante delito, no podrá exceder de 48 horas o el doble tratándose de delincuencia organizada. Por lo tanto desde la primera diligencia denominada examen de la detención, el ministerio público decidirá si dejará sin efectos la detención por encontrar irregularidad en

---

mo de la comisión de un delito, o como en la mayoría de los casos ocurre, puede realizase por un agente policial, por lo que resulta necesario, que un perito en derecho como lo debe ser el ministerio público, analice si en realidad se ajusta la captura a alguna de las hipótesis del artículo 146 del CNPP, y en caso contrario deberá dejar sin efectos la misma, lo que no implica que el delito quede impune, sino que el perpetrador no podrá seguir privado de la libertad por una flagrancia inexistente. De tal suerte que el ministerio público podrá seguir integrando la carpeta de investigación, y con posterioridad ejercitar la acción penal, aunque el mismo deje sin efectos la detención. En otra hipótesis, en la que el ministerio público no dejara sin efectos la detención, sino que retuviera al detenido, esta no será la última palabra, ya que deberá de poner al detenido a disposición del **juzgado de control**, quien decidirá en última instancia si efectivamente se actualizó alguna hipótesis de flagrancia o bien, la detención fue ilegal, ordenando la inmediata liberación del detenido, sin que esto impida que el sujeto activo enfrente el proceso con posterioridad.

la misma, o bien considera plausible la misma, ordenando la retención del imputado hasta por 48 horas con la finalidad de ponerlo a disposición del juzgado de control al fenecer este plazo. Por lo tanto, desde el examen de la detención, el órgano investigador analizará la necesidad de dicha medida y realizará los actos de investigación que considere necesarios para, en su caso, ejercitar la acción penal. Esta hipótesis resulta digna de decantar, en virtud de que la investigación inicial se reducirá únicamente a 48 horas, en efecto, una investigación inicial que por regla general o de manera ordinaria no tendría más límite para su duración que la prescripción de la pretensión punitiva (que podría durar años), se reducirá a 48 horas por la existencia de una detención en flagrante delito, en la que el ministerio público ordenó la retención del imputado, y en ese lapso tendrá que integrar la carpeta de investigación y realizar todas la diligencias necesarias para una inminente formulación de imputación, declaración del imputado y vinculación a proceso.

f. Cuando se detenga a una persona por una situación fáctica que pudiera ajustarse a un delito perseguible por **querella** de la parte ofendida, el ministerio público realizará las diligencias que sea necesarias para comunicar inmediatamente a la persona legitimada para presentarla. Se le concederá para tal efecto un lapso que no deberá ser superior a las **doce horas**, contadas a partir de que la víctima u ofendido fue notificado. En caso de que no sea posible que el ministerio público localice a la víctima u ofendido para realizar la comunicación referida en supra líneas, el lapso que debe transcurrir entre la detención y la presentación de la querella será de **veinticuatro horas**. Si transcurridos estos plazos, el agente del ministerio público no recibe la querella de la persona legitimada, el detenido será puesto en inmediata y absoluta libertad, lo que no significa que la víctima pierda su derecho a querellarse, sino que podrá hacerlo, pero el imputado ya no se encontrará retenido por la figura de la flagrancia, es decir que enfrentará el procedimiento en libertad , a menos que se actualice alguna otra hipótesis que haga necesaria su captura por otro motivo, verbigracia el desacato a las futuras citaciones del tribunal.

g. Como las reglas generales, suelen presentar excepciones, el CNPP prevé la posibilidad de que la víctima u ofendido tenga imposibilidad física de presentar la querella correspondiente, lo que permitirá que se agote el plazo legal de detención del imputado para recabarla. En esta hipótesis los parientes por consanguinidad hasta el tercer grado o por afinidad en primer grado, podrán legitimar la querella, ya sea que la víctima u ofendido la ratifique o no de manera posterior.

A lo anteriormente expuesto, debemos agregar que en el caso de que el ministerio público reciba un detenido en flagrante delito, y considere que la detención efectivamente fue apegada a derecho, pero que el delito por el cuál le fue puesto a su disposición el imputado cuenta con la medida cautelar denominada prisión preventiva oficiosa, y que además el órgano investigador considere que de ejercitar la acción penal, no solicitaría la privación de la libertad como medida cautelar, podrá decidir no retener al imputado durante las 48 horas para ponerlo a disposición del Juez de Control, sino que lo podrá liberar con reserva de ley, es decir, liberarlo con la reserva de seguir investigando, integrando la carpeta de investigación y en su caso ejercitar la acción penal en su contra.

Artículo 140. Libertad durante la investigación

En los casos de detención por flagrancia, cuando se trate de delitos que no merezcan prisión preventiva oficiosa y el Ministerio Público determine que no solicitará prisión preventiva como medida cautelar, podrá disponer la libertad del imputa-

> do o imponerle una medida de protección en los términos de lo dispuesto por este Código.
>
> Cuando el Ministerio Público decrete la libertad del imputado, lo prevendrá a fin de que se abstenga de molestar o afectar a la víctima u ofendido y a los testigos del hecho, a no obstaculizar la investigación y comparecer cuantas veces sea citado para la práctica de diligencias de investigación, apercibiéndolo con imponerle medidas de apremio en caso de desobediencia injustificada.

En otras codificaciones instrumentales, nos hemos familiarizado al advertir la posibilidad que se le concede al agente del ministerio público para que en caso de no retener al imputado, se le pueda 'caucionar', es decir, conceder la libertad a cambio de una suma de dinero, que en el supuesto de sustracción a la acción de la justicia se pueda hacer efectiva, sin perjuicio de localizarlo y lograr su presentación coactiva por los medios legales que con posterioridad se analizarán. No obstante, en el CNPP se determina con meridiana claridad que en caso de no retener al imputado por que el delito no amerite prisión preventiva oficiosa, o que simplemente el ministerio público no pretenda solicitar esta medida, el órgano investigador estará facultado para imponer las **medidas de protección a** que se refiere el **ordinal 137 del mismo cuerpo normativo**, que dentro de sus porciones normativas no contempla la caución recibida por el ministerio público.

Debe subrayarse que la flagrancia, puede reducir la duración de la investigación inicial a 48 horas o el doble en caso de delincuencia organizada, únicamente en caso de que el ministerio público decida retener al imputado, y a la postre ponerlo a disposición del juzgado de control. En el supuesto de que el ministerio público en el examen de la detención libere al detenido, la investigación podrá continuar, pero evidentemente ya no con el límite de 48 horas, sino que volveremos al límite ordinario, que es la prescripción de la pretensión punitiva.

En síntesis, en caso de que exista flagrancia:

1.- Cualquier Civil o Corporación Policial se encuentra en aptitud de realizar la detención. Si la detención la realiza un civil, debe ponerlo a disposición de la autoridad policial más cercana de inmediato, y esta a su vez inmediatamente a disposición del Ministerio Público. No existe término expreso, se debe de realizar la puesta a disposición inmediatamente en la medida que las circunstancias de tiempo, lugar y modo lo permitan de manera razonable.

2.- El ministerio público, debe realizar la primera diligencia denominada 'examen de la detención', en donde podrá: **a)** Retener por 48 horas o su doble en caso de delincuencia organizada, e integrar la carpeta de investigación para que vencido este término se ponga al detenido a disposición de un juez de control. **b)** liberar con reserva de ley por encontrar irregularidades en la captura, pero seguir integrando la carpeta de investigación. **c)** liberar y aplicar una medida de protección, por considerar que la detención es plausible, pero no pretenda solicitar prisión preventiva como medida cautelar una vez ejercida la acción penal. En los supuestos **b)** y **c)** la investigación inicial no se reduce a 48 horas, sino que vuelve a operar el límite de la prescripción de la acción penal, es decir el término medio aritmético del delito por el cual se investiga al imputado.

1.6.2. Detención por caso urgente.

Definición. El caso urgente es una figura jurídica que permite que un agente del ministerio público ordene de manera fundada, motivada y por escrito, la detención de una persona que probablemente haya cometido o participado en la comisión de un delito grave, cuando exista un riesgo inminente de que se sustraiga a la acción de la justicia, y por razón de la hora, lugar o cualquier otra circunstancia no pueda acudirse ante la autoridad jurisdiccional a solicitar una orden de aprehensión, o que de hacerlo el imputado pudiera evadirse.

El arábigo 150 del CNPP establece tres hipótesis que deben de coexistir, como requisitos ineludibles para que el ministerio público se encuentre en aptitud de ordenar una detención por urgencia:

> **Artículo 150. Supuesto de caso urgente**
>
> Sólo en casos urgentes el Ministerio Público podrá, bajo su responsabilidad y fundando y expresando los datos de prueba que motiven su proceder, ordenar la detención de una persona, siempre y cuando concurran los siguientes supuestos:
>
> **I.** Existan datos que establezcan la existencia de un hecho señalado como delito grave y que exista la probabilidad de que la persona lo cometió o participó en su comisión. Se califican como graves, para los efectos de la detención por caso urgente, los delitos señalados como de prisión preventiva oficiosa en este Código o en la legislación aplicable así como aquellos cuyo término medio aritmético sea mayor de cinco años de prisión;
>
> **II.** Exista riesgo fundado de que el imputado pueda sustraerse de la acción de la justicia, y
>
> **III.** Por razón de la hora, lugar o cualquier otra circunstancia, no pueda ocurrir ante la autoridad judicial, o que de hacerlo, el imputado pueda evadirse.

El mismo guarismo explica con meridiana claridad, que para efectos de caso urgente, el término medio aritmético es la cantidad resultante de sumar la pena de prisión mínima y máxima, del delito investigado, y dividirlo entre dos, misma que no deberá ser inferior a 5 años, de lo contrario no se podrá librar orden de detención por urgencia a menos que el delito se encuentre señalado con prisión preventiva oficiosa, aún que el delito no haya sido consumado, habrá lugar a detención por urgencia en caso de tentativa punible. Los agentes policiales que ejecuten la orden del ministerio público, deberán poner de inmediato al detenido a disposición de este, quien a su vez sin demora alguna deberá ponerlo a disposición del juzgado de control. El CNPP no otorga un plazo expreso de tolerancia al ministerio público que reciba un detenido en caso urgente, como en el caso de la flagrancia que podrá retener hasta por 48 horas para integrar la carpeta de investigación. En caso urgente, al tenor de la redacción del CNPP, se advierte que si el ministerio público emitió una orden de detención, es porque ya cuenta con datos que acrediten la existencia de un delito y la probabilidad de que el imputado lo cometió o participó en su comisión, por lo que ejecutada la detención, sin demora deberá ponerlo a disposición del tribunal.

Del caso urgente podemos decantar lo siguiente:

1.- El ministerio público ordena la detención, bajo su estricta responsabilidad.

2.- La orden se emite por escrito.

3.- En el delito no existe flagrancia.

4.- No es necesario acudir con un tribunal para solicitar orden de aprehensión.

5.- Debe tratarse de un delito grave (aquellos con pena media aritmética superior a 5 años o con prisión preventiva oficiosa).

6.- Deben existir datos en la carpeta de investigación que acrediten el hecho que ley señala como delito, y la probabilidad de que la persona a detener lo cometió o participó en su comisión.

7.- Debe desprenderse objetivamente y con datos fehacientes que se revela el riesgo fundado de que el imputado se sustraiga.

8.- Por razones de tiempo, lugar y otra circunstancia el ministerio público no se encuentre en posibilidad de acudir a solicitar una orden de aprehensión o esperar este trámite pueda ser un factor crucial para que el imputado alcance a sustraerse a la acción de la justicia.

8.- Los agentes policiales bajo el mando del ministerio público ejecutan la orden de detención.

9.- Los agentes policiales ponen al detenido a disposición inmediata del ministerio público emisor de la orden de detención.

10.- El ministerio público, sin demora debe a su vez, poner a disposición jurídica y material al detenido del juzgado de control.

11.- El juzgado de control, una vez que tenga a su disposición al detenido, debe citar al ministerio público y a la defensa a una audiencia de control de detención, en donde analizará la orden emitida por el órgano persecutor, y verificará que en realidad se colmaron las hipótesis de procedencia, en cuyo caso calificará de legal la captura. En un supuesto distinto, en caso de considerar equívoca la decisión del ministerio público de emitir la orden de detención por urgencia, decretará la inmediata libertad del imputado, sin que esto sea obstáculo para que la carpeta de investigación se siga integrando, y con posterioridad se ejercite la acción penal, pero con el imputado en libertad. En caso de violaciones graves, el juez velará oficiosamente por que se apliquen las sanciones correspondientes, al ministerio público que de manera arbitraria haya ordenado la detención de una persona.

El ordinal 16 de la CPEUM, establece que la regla general para privar de la libertad a un individuo es por medio de un mandato judicial escrito denominado orden de aprehensión, no obstante a este mismo rango constitucional se prevén las dos excepciones que derivan en las figuras jurídicas antes desarrolladas, es decir la flagrancia y el caso urgente. Debe advertirse que se determina en este artículo que ninguna persona debe ser retenida por el ministerio público por más de 48 horas, sin que sea puesta a disposición de un tribunal. Sin embargo nuestro CNPP, remite a esta determinación únicamente en caso de la flagrancia, ya que tratándose de caso urgente, la codificación instrumental penal en estudio determina que la puesta a disposición del detenido por parte del ministerio público hacia el juez deberá ser sin demora, es decir inmediatamente, sin plazo, sin 48 horas como acontece en la flagrancia.

> **Artículo 16.** Nadie puede ser molestado en su persona, familia, domicilio, papeles o posesiones, sino en virtud de mandamiento escrito de la autoridad competente, que funde y motive la causa legal del procedimiento.
>
> Toda persona tiene derecho a la protección de sus datos personales, al acceso, rectificación y cancelación de los mismos, así como a manifestar su oposición, en los términos que fije la ley, la cual establecerá los supuestos de excepción a los principios que rijan el tratamiento de datos, por razones de seguridad nacional, disposiciones de orden público, seguridad y salud públicas o para proteger los derechos de terceros.
>
> No podrá librarse orden de aprehensión sino por la autoridad judicial y sin que preceda denuncia o querella de un hecho que la ley señale como delito, sancionado con pena privativa de libertad y obren datos que establezcan que se ha cometido ese hecho y que exista la probabilidad de que el indiciado lo cometió o participó en su comisión.
>
> La autoridad que ejecute una orden judicial de aprehensión, deberá poner al inculpado a disposición del juez, sin dilación alguna y bajo su más estricta responsabilidad. La contravención a lo anterior será sancionada por la ley penal.
>
> **Cualquier persona puede detener al indiciado en el momento en que esté cometiendo un delito o inmediatamente después de haberlo cometido, poniéndolo sin demora a disposición de la**

> **autoridad más cercana y ésta con la misma prontitud, a la del Ministerio Público. Existirá un registro inmediato de la detención.**
>
> **Sólo en casos urgentes, cuando se trate de delito grave así calificado por la ley y ante el riesgo fundado de que el indiciado pueda sustraerse a la acción de la justicia, siempre y cuando no se pueda ocurrir ante la autoridad judicial por razón de la hora, lugar o circunstancia, el Ministerio Público podrá, bajo su responsabilidad, ordenar su detención, fundando y expresando los indicios que motiven su proceder.**
>
> **En casos de urgencia o flagrancia, el juez que reciba la consignación del detenido deberá inmediatamente ratificar la detención o decretar la libertad con las reservas de ley.**
>
> La autoridad judicial, a petición del Ministerio Público y tratándose de delitos de delincuencia organizada, podrá decretar el arraigo de una persona, con las modalidades de lugar y tiempo que la ley señale, sin que pueda exceder de cuarenta días, siempre que sea necesario para el éxito de la investigación, la protección de personas o bienes jurídicos, o cuando exista riesgo fundado de que el inculpado se sustraiga a la acción de la justicia. Este plazo podrá prorrogarse, siempre y cuando el Ministerio Público acredite que subsisten las causas que le dieron origen. En todo caso, la duración total del arraigo no podrá exceder los ochenta días.
>
> Por delincuencia organizada se entiende una organización de hecho de tres o más personas, para cometer delitos en forma permanente o reiterada, en los términos de la ley de la materia.
>
> **Ningún indiciado podrá ser retenido por el Ministerio Público por más de cuarenta y ocho horas, plazo en que deberá ordenarse su libertad o ponérsele a disposición de la autoridad judicial; este plazo podrá duplicarse en aquellos casos que la ley prevea como delincuencia organizada. Todo abuso a lo anteriormente dispuesto será sancionado por la ley penal. [...]**

Por lo tanto, podemos precisar, que en caso de que se presente una denuncia o querella, como se ha puntualizado en supra líneas, se detonará la investigación inicial, misma que no tendrá más límite que la prescripción de la acción penal, a menos que exista flagrancia y se retenga al detenido por 48 horas, en cuyo caso el ministerio público, se obliga a ejercitar la acción penal vencido el plazo, siempre que la detención sea calificada de legal. Si no existe flagrancia el límite será la prescripción, a menos que se actualicen las hipótesis constitucionales y legales para realizar una detención en caso urgente, en cuyo caso, una vez ejecutada la orden emitida por el órgano persecutor, se deberá poner a disposición del juzgado de control al detenido, y en caso de calificar de legal la detención, se tendrá que formular la imputación correspondiente, hipótesis que se traduce en el ejercicio de la acción penal.

Una nota de importancia, es que de la reflexión del trámite de la detención por caso urgente, se desprende que a diferencia de la flagrancia, no se lleva a cabo la diligencia realizada por el ministerio público denominada examen de la detención, en virtud de que en la flagrancia, la decisión sobre la captura la puede tomar un particular o un integrante de alguna corporación policial, lo que hace necesario que el ministerio público, al momento en el que le es puesto a su disposición un detenido en flagrancia, se examinen las circunstancias de la captura, tomando la decisión de retener 48 horas, liberar con reserva de ley, o liberar con imposición de medidas de protección, y en caso de retener al imputado por 48 horas, ponerlo a disposición del juzgado de control, mismo que en una audiencia denominada control de detención analizará igualmente las circunstancias de la captura, solo que será el juzgado de control quien tendrá la última palabra sobre la legalidad de la detención, pudiendo darse el caso de que un agente policial realice una detención en supuesta flagrancia, el ministerio público en el examen de la detención comulgue con el criterio del agente captor ordenando la retención del imputado, y a la postre de ponerlo a disposición del juez de control, en la audiencia llamada control de detención, este difiera con el criterio del policía y del ministerio público, calificando de ilegal la detención y determinando la liberación del detenido, lo que no impedirá que el órgano persecutor con posterioridad ejercite la pretensión punitiva pero con el imputado en libertad. Desde luego que en un procedimiento impecable, se pretende que si el agente policial realiza una detención, esta no resulte arbitraria, siendo aprobada en el examen de la detención realizado por el ministerio público, y a la postre en el control de la detención realizado por la autoridad jurisdiccional ocurra lo mismo.

En el caso urgente resulta evidente la razón por la que no se realiza la diligencia denominada examen de la detención, toda vez que el agente del ministerio público bajo su estricta responsabilidad es quien deberá ordenar la captura de un individuo, por medio de una orden escrita debidamente fundada y motivada, misma que será entregada a los agente de la policía a su cargo, quienes la deberá ejecutar para poner al detenido a disposición del ordenador, es decir el ministerio público, quien sería absurdo analizara las circunstancias de una captura que el mismo ordenó, por lo que este último órgano persecutor, pondrá a disposición al detenido sin demora ante el juez de control, siendo este último quien en este caso si tendrá que llevar a cabo una audiencia de control de detención para efecto de verificar la legalidad de la orden emitida por el ministerio público.

FLAGRANCIA	CASO URGENTE
La detención la puede realizar cualquier persona o corporación policial.	La detención la ordena el agente del ministerio público.
Se debe de poner en inmediata disposición del ministerio público al detenido.	Una vez ejecutada la orden, se debe de poner en inmediata disposición del ministerio público emisor de la misma, al detenido.
El ministerio público debe examinar las circunstancias de la captura. (Examen de la detención)	No se realiza examen de la detención, puesto que el mismo ministerio público ordena la captura.

El ministerio público puede retener hasta por 48 horas al detenido (o liberarlo con reserva de ley o medida de protección aplicada).	El ministerio público debe poner a disposición del juzgado de control al detenido, sin demora.
El **juzgado de control** verifica le legalidad del trámite en audiencia de control de detención.	El juzgado de control verifica la legalidad del trámite en audiencia de control de detención.

1.7. FORMAS DE TERMINACIÓN DE LA INVESTIGACIÓN.

Debe precisarse que, no en todos los casos la investigación de una conducta delictiva llevará al ministerio público a tomar la decisión de ejercer la acción penal ante el órgano jurisdiccional, pues existen diversos factores que pudieran encaminar su actuar a tener que paralizar la investigación, o a darla por terminada en sede ministerial, como lo serían: encontrarse frente a una conducta que no es delictiva, obtener como resultado de la indagatoria que la conducta no se cometió, no contar con elementos que permitan continuar con la investigación, o considerar que por cuestiones de utilidad social o política criminal, acudir ante los tribunales buscando una sanción para la persona responsable de cometer la conducta, no resulta lo más conveniente.

Es por ello, que el legislador les denominó "*formas de terminación de la investigación*" a las cuatro figuras que darán como resultado, que el ministerio público paralice o incluso culmine una investigación, en lugar de acudir ante la autoridad judicial para ejercer la acción penal.

1.7.1. Facultad de abstenerse de investigar.

Definición. Es una facultad de la autoridad investigadora, para omitir de manera fundada y motivada, el desarrollo de una investigación, en el supuesto de que la conducta descrita en la querella o la denuncia, de manera clara se aprecie que no sea constitutiva de delito, o cuando siendo delictiva, se ha extinguido la acción penal.

El numeral 253 del CNPP da contenido a dicha atribución en los siguientes términos:

> ***Artículo 253. Facultad de abstenerse de investigar***
>
> *El Ministerio Público podrá abstenerse de investigar, cuando los hechos relatados en la denuncia, querella o acto equivalente, no fueren constitutivos de delito o cuando los antecedentes y datos suministrados permitan establecer que se encuentra extinguida la acción penal o la responsabilidad penal del imputado. Esta decisión será siempre fundada y motivada.*

En cualquiera de estos dos casos, inmediatamente después de presentada la denuncia o querella, el ministerio público podrá verificar si la conducta relatada en la denuncia o querella, de manera evidente y sin necesidad de realizar diligencias investigativas, resulta no constitutiva de delito, y en lugar de dar inicio a una investigación, se opte por emitir una determinación escrita, en la que se motive la abstención de investigación con la cual pondría fin a la secuela procedimental.

Esta clase de determinaciones despresurizan la carga de las Fiscalías, toda vez que permiten no iniciar una investigación, con el solo análisis de la denuncia o querella presentada, sin necesidad de tener de desarrollar actos investigativos. Desde luego, como las otras formas de terminación de la investigación, la resolución podrá ser impugnada por la víctima u ofendida a través del control judicial previsto en el numeral 258 del Código Nacional de Procedimientos Penales.

1.7.2. Archivo temporal.

Definición. Es la determinación del ministerio público, que consiste en motivar la paralización de la investigación en su fase inicial, ante la escasez o carencia de datos o líneas de investigación que permitan el ejercicio de la acción penal, con la posibilidad de reabrirla ante la localización o aparición de datos de prueba pertinentes.

Tal figura encuentra asidero en el arábigo 254 del CNPP que la describe de la siguiente manera:

> ***Artículo 254. Archivo temporal***
>
> *El Ministerio Público podrá archivar temporalmente aquellas investigaciones en fase inicial en las que no se encuentren antecedentes, datos suficientes o elementos de los que se puedan establecer líneas de investigación que permitan realizar diligencias tendentes a esclarecer los hechos que dieron origen a la investigación. El archivo subsistirá en tanto se obtengan datos que permitan continuarla a fin de ejercitar la acción penal.*

La principal nota característica de dicha potestad, sería su transitoriedad, pues tal determinación subsistirá, en tanto no aparezcan nuevos datos o elementos que permitan avanzar hacia el esclarecimiento de los hechos denunciados, en cuyo caso, podrá dejarse sin efectos y continuarse la indagatoria, siendo su único límite la prescripción del delito, en virtud de que una vez trascurrido el plazo prescriptivo, de no haberse reabierto la indagatoria, esta deberá concluirse por un auto de no ejercicio de la acción penal por prescripción.

1.7.3. No ejercicio de la acción penal.

Definición. Es la facultad del ministerio público para determinar en forma expresa, fundada y motivada, que no ejercerá la acción penal, en aquellos casos en los que se actualice durante la investigación inicial, alguna causal de sobreseimiento, lo que inhibirá una nueva persecución penal por los mismos hechos.

Potestad desarrollada en el artículo 255 del CNPP, que la describe como:

> ***Artículo 255. No ejercicio de la acción***
>
> *Antes de la audiencia inicial, el Ministerio Público previa autorización del Procurador o del servidor público en quien se delegue la facultad, podrá decretar el no ejercicio de la acción penal cuando de los antecedentes del caso le permitan concluir que en el caso concreto se actualiza alguna de las causales de sobreseimiento previstas en este Código.*
>
> *La determinación de no ejercicio de la acción penal, para los casos del artículo 327 del presente Código, inhibe una nueva persecución penal por los mismos hechos respecto del indiciado, salvo que sea por diversos hechos o en contra de diferente persona*

De optarse por emitir una resolución de no ejercicio de la acción penal, la autoridad investigadora tendrá el deber de sustentarla en forma fundada y motivada, considerando siempre que el ejercicio de tal atribución pone fin al procedimiento. Esta determinación será aplicable en todos aquellos casos en los que pueda determinarse la existencia de alguna de las causales, aplicables a la fase de investigación inicial, previstas en el arábigo 327 del CNPP:

> *Artículo 327. Sobreseimiento*
>
> *[...] El sobreseimiento procederá cuando:*
>
> *I. El hecho no se cometió;*
>
> *II. El hecho cometido no constituye delito;*
>
> *III. Apareciere claramente establecida la inocencia del imputado;*
>
> *IV. El imputado esté exento de responsabilidad penal;*

> *V. Agotada la investigación, el Ministerio Público estime que no cuenta con los elementos suficientes para fundar una acusación;*
>
> *VI. Se hubiere extinguido la acción penal por alguno de los motivos establecidos en la ley;*
>
> *VII. Una ley o reforma posterior derogue el delito por el que se sigue el proceso;*
>
> *VIII. El hecho de que se trata haya sido materia de un proceso penal en el que se hubiera dictado sentencia firme respecto del imputado; IX. Muerte del imputado, o*
>
> *X. En los demás casos en que lo disponga la ley.*

Resulta evidente que cuando alguna de las causales antes enunciadas, se actualiza luego de haber ejercido la acción penal, su consecuencia será el sobreseimiento y debe ser decretado por el órgano jurisdiccional de oficio o a petición de parte; empero cuando se actualiza alguna de ellas durante la investigación inicial, su consecuencia será el no ejercicio de la acción penal.

1.7.4. Criterios de oportunidad

Definición. Atribución del ministerio público, ante la sola noticia de un hecho punible o la certeza de que el mismo se cometió, para no iniciar, suspender, interrumpir o hacer cesar el curso de la persecución penal, cuando así lo aconsejan motivos de utilidad social o política criminal, siempre que se haya cubierto o garantizado la reparación del daño.

Tal como lo señala la definición, los criterios de oportunidad implican supuestos ante los cuales la reacción punitiva resulta innecesaria o inconveniente, por lo que, podría decirse que la aplicación de los criterios de oportunidad, prioriza la reacción del Estado sobre aquellos hechos relevantes, respecto de los cuales su intervención como método de control social devenga indispensable.

Estos supuestos son limitativos y los encontramos plasmados en el arábigo 256 del CNPP de la siguiente manera:

> ***Artículo 256. Casos en que operan los criterios de oportunidad.***
>
> *Iniciada la investigación y previo análisis objetivo de los datos que consten en la misma, conforme a las disposiciones normativas de cada Procuraduría, el Ministerio Público, podrá abstenerse de ejercer la acción penal con base en la aplicación de criterios de oportunidad, siempre que, en su caso, se hayan reparado o garantizado los daños causados a la víctima u ofendido.*
>
> *La aplicación de los criterios de oportunidad será procedente en cualquiera de los siguientes supuestos:*
>
> *I. Se trate de un delito que no tenga pena privativa de libertad, tenga pena alternativa o tenga pena privativa de libertad cuya punibilidad máxima sea de cinco años de prisión, siempre que el delito no se haya cometido con violencia;*
>
> *II. Se trate de delitos de contenido patrimonial cometidos sin violencia sobre las personas o de delitos culposos, siempre que el imputado no hubiere actuado en estado de ebriedad, bajo el influjo de narcóticos o de cualquier otra sustancia que produzca efectos similares;*
>
> *III. Cuando el imputado haya sufrido como consecuencia directa del hecho delictivo un daño físico o psicoemocional grave, o cuando el imputado haya contraído una enfermedad terminal que torne notoriamente innecesaria o desproporcional la aplicación de una pena;*
>
> *IV. La pena o medida de seguridad que pudiera imponerse por el hecho delictivo que carezca de importancia en consideración a la pena o medida de seguridad ya impuesta o a la que podría imponerse por otro delito por el que esté siendo procesado con independencia del fuero;*

V. Cuando el imputado aporte información esencial y eficaz para la persecución de un delito más grave del que se le imputa, y se comprometa a comparecer en juicio;

VI. Cuando, a razón de las causas o circunstancias que rodean la comisión de la conducta punible, resulte desproporcionada o irrazonable la persecución penal

No podrá aplicarse el criterio de oportunidad en los casos de delitos contra el libre desarrollo de la personalidad, de violencia familiar ni en los casos de delitos fiscales o aquellos que afecten gravemente el interés público. Para el caso de delitos fiscales y financieros, previa autorización de la Secretaría de Hacienda y Crédito Público, a través de la Procuraduría Fiscal de la Federación, únicamente podrá ser aplicado el supuesto de la fracción V, en el caso de que el imputado aporte información fidedigna que coadyuve para la investigación y persecución del beneficiario final del mismo delito, tomando en consideración que será este último quien estará obligado a reparar el daño.

El Ministerio Público aplicará los criterios de oportunidad sobre la base de

razones objetivas y sin discriminación, valorando las circunstancias especiales en cada caso, de conformidad con lo dispuesto en el presente Código, así como en los criterios generales que al efecto emita el Procurador o equivalente.

La aplicación de los criterios de oportunidad podrán ordenarse en cualquier momento y hasta antes de que se dicte el auto de apertura a juicio.

La aplicación de los criterios de oportunidad deberá ser autorizada por el Procurador o por el servidor público en quien se delegue esta facultad, en términos de la normatividad aplicable.

El dispositivo antes aludido puede ser desglosado y explicado de la siguiente manera:

1. **Criterios generales para su aplicación.**

   A pesar de contar con un listado de los criterios de oportunidad, el legislador otorga la atribución al Procurador o Fiscal de cada Estado, para que de acuerdo a las circunstancias sociales y de política criminal de su entidad, de mayor contenido a las formas de aplicación de los mismos a través de lineamientos.

2. **Oportunidad.**

   Los criterios de oportunidad podrán aplicarse en cualquier momento del procedimiento, desde presentada la denuncia o querella y hasta antes del dictado del auto de apertura a juicio oral.

3. **Análisis objetivo de los datos que obren en la investigación.**

   Deberá efectuarse un estudio de la denuncia y demás datos de prueba que se desprendan de los registros de investigación con los que se cuente, para que, sobre la base de razones objetivas y las circunstancias especiales de cada caso, pueda determinarse si se configura algún supuesto factico que pudiera dar lugar a la aplicación de un criterio, y sobre todo, si dicha decisión es la más conveniente atendiendo al interés social.

4. **Daños garantizados a la víctima u ofendido.**

   El ministerio público deberá constatar que se hayan reparado los daños causados a la víctima u ofendido, o que en su caso obre constancia de que a víctima se haya dado por satisfecha respecto al pago.

5. **Autorización.**

   El Procurador de cada entidad tiene delegada de forma expresa la atribución de autorizar la aplicación de un criterio de oportunidad, sin embargo, también podrá delegarlo diverso servidor público, de esta forma, el ministerio público titular de la investigación en la que pretenda aplicarse algún criterio, deberá someterlo a consideración de la persona facultada para emitir la respectiva autorización de aplicación.

6. **Aplicación del criterio de oportunidad.**

   Una vez autorizada la aplicación del criterio, se emitirá una resolución a través de la cual se materialice tal decisión, la cual deberá ser notificada a las partes, lo que dará como resultado la extinción de la acción penal.

   Tratándose de los supuestos contenidos en las fracciones I, II, III, IV y VI del artículo 256 del CNPP, la aplicación del criterio tendrá como efecto inmediato la extinción de la acción penal respecto al autor o participe en cuyo beneficio de haya dispuesto la aplicación de dicho criterio, por lo que respecta al criterio plasmado en la fracción V del numeral en estudio, la aplicación del criterio tendrá como efectos la suspensión del ejercicio de la acción penal, así como del plazo de la prescripción de la acción penal, hasta en tanto el imputado comparezca a rendir su testimonio en el proceso respecto del que aportó información, momento a partir del cual el ministerio público tendrá 15 días para resolver definitivamente sobre la procedencia de la extinción de la acción penal.

1.7.5. Control Judicial sobre determinaciones del Ministerio Público.

Tenemos como nota común de las cuatro facultades del ministerio público previamente descritas, el medio de impugnación denominado control judicial, previsto en el arábigo 258 del CNPP, en el que textualmente se señala:

> ***Artículo 258. Notificaciones y control judicial.***
>
> *Las determinaciones del Ministerio Público sobre la abstención de investigar, el archivo temporal, la aplicación de un criterio*

de oportunidad y el no ejercicio de la acción penal deberán ser notificadas a la víctima u ofendido quienes las podrán impugnar ante el Juez de control dentro de los diez días posteriores a que sean notificadas de dicha resolución.

En estos casos, el Juez de control convocará a una audiencia para decidir en definitiva, citando al efecto a la víctima u ofendido, al Ministerio Público y, en su caso, al imputado y a su Defensor. En caso de que la víctima, el ofendido o sus representantes legales no comparezcan a la audiencia a pesar de haber sido debidamente citados, el Juez de control declarará sin materia la impugnación.

La resolución que el Juez de control dicte en estos casos no admitirá recurso alguno.

Este medio de impugnación, sin duda alguna, materializa el derecho de toda víctima u ofendido a intervenir en el procedimiento y combatir aquellas determinaciones que vayan en contra de sus intereses, e incluso por interpretación jurisprudencial, se ha extendido a omisiones o inactividad injustificada del Ministerio Público.

Suprema Corte de Justicia de la Nación, Registro digital: 2016868, Instancia: Tribunales Colegiados de Circuito, Décima Época, Materias(s): Penal, Tesis: XXVII.3o.57 P (10a.), Fuente: Gaceta del Semanario Judicial de la Federación. Libro 54, Mayo de 2018, Tomo III, página 2618, Tipo: Aislada.

MEDIO DE IMPUGNACIÓN PREVISTO EN EL ARTÍCULO 258 DEL CÓDIGO NACIONAL DE PROCEDIMIENTOS PENALES. NO TIENE LAS CARACTERÍSTICAS DE UN RECURSO.

El precepto citado prevé la posibilidad de impugnar algunas determinaciones del Ministerio Público ante el Juez de control que no tiene las características de un recurso. Lo anterior es así, ya que en términos del artículo 456 del mismo código, el recurso constituye el medio de defensa que tienen las partes para controvertir una resolución judicial, esto es, la determinación que emita el juzgador en el proceso, no así las del Ministerio Público.

TERCER TRIBUNAL COLEGIADO DEL VIGÉSIMO SÉPTIMO CIRCUITO

Suprema Corte de Justicia de la Nación, Registro digital: 2020991, Instancia: Tribunales Colegiados de Circuito, Décima Época, Materias(s): Penal, Tesis: I.4o.P.28 P (10a.), Fuente: Gaceta del Semanario Judicial de la Federación. Libro 72, Noviembre de 2019, Tomo III, página 2435, Tipo: Aislada.

NO EJERCICIO DE LA ACCIÓN PENAL. AL EVALUAR SU LEGALIDAD EN LA AUDIENCIA A QUE SE REFIERE EL ARTÍCULO 258 DEL CÓDIGO NACIONAL DE PROCEDIMIENTOS PENALES, EL JUEZ DE CONTROL NO PUEDE VARIAR LA CAUSA EN QUE SE APOYÓ EL MINISTERIO PÚBLICO PARA DECRETARLO.

12. Suprema Corte de Justicia de la Nación, Registro digital: 2023531, Instancia: Primera Sala, Undécima Época, Materias(s): Penal, Común, Tesis: 1a./J. 9/2021 (11a.), Fuente: Gaceta del Semanario Judicial de la Federación. Libro 5, Septiembre de 2021, Tomo II, página 1841, Tipo: Jurisprudencia.

MEDIO DE DEFENSA INNOMINADO PREVISTO POR EL ARTÍCULO 258 DEL CÓDIGO NACIONAL DE PROCEDIMIENTOS PENALES. EL INCULPADO O QUIEN SE OSTENTE COMO TAL, NO ESTÁ OBLIGADO A INTERPONERLO, PREVIAMENTE A PROMOVER JUICIO DE AMPARO.

24. Suprema Corte de Justicia de la Nación Registro digital: 2021064, Instancia: Plenos de Circuito, Décima Época, Materias(s): Común, Penal, Tesis: PC.I.P. J/61 P (10a.), Fuente: Gaceta del Semanario Judicial de la Federación. Libro 72, Noviembre de 2019, Tomo II, página 1430, Tipo: Jurisprudencia.

MEDIO DE IMPUGNACIÓN PREVISTO EN EL ARTÍCULO 258 DEL CÓDIGO NACIONAL DE PROCEDIMIENTOS PENALES. CUANDO EL ACTO RECLAMADO CONSISTA EN LAS DETERMINACIONES MINISTERIALES QUE SEÑALA O EN OMISIONES DEL MINISTERIO PÚBLICO EN LA ETAPA DE INVESTIGACIÓN EN EL SISTEMA PROCESAL PENAL ACUSATORIO Y ORAL, EL IMPUTADO O QUIEN SE OSTENTE CON TAL

CARÁCTER NO ESTÁ OBLIGADO A AGOTAR TAL RECURSO PREVIO A PROMOVER EL JUICIO DE AMPARO INDIRECTO.

. Suprema Corte de Justicia de la Nación, Registro digital: 2017640, Instancia: Primera Sala, Décima Época, Materias(s): Común, Penal, Tesis: 1a./J. 28/2018 (10a.), Fuente: Gaceta del Semanario Judicial de la Federación. Libro 57, Agosto de 2018, Tomo I, página 943, Tipo: Jurisprudencia

SISTEMA PENAL ACUSATORIO. CONTRA LAS OMISIONES DEL MINISTERIO PÚBLICO EN LA ETAPA DE INVESTIGACIÓN, PROCEDE EL MEDIO DE DEFENSA PREVISTO EN EL ARTÍCULO 258 DEL CÓDIGO NACIONAL DE PROCEDIMIENTOS PENALES, EL CUAL DEBE AGOTARSE EN CUMPLIMIENTO AL PRINCIPIO DE DEFINITIVIDAD QUE RIGE EL JUICIO DE AMPARO.

Capítulo segundo Ejercicio de la acción penal y la audiencia inicial ante el juzgado de control

2.1. GENERALIDADES DEL EJERCICIO DE LA ACCIÓN PENAL.

El ministerio público es el órgano persecutor del delito, toda vez que el artículo 21 de la CPEUM le otorga por excelencia, la facultad de investigar y perseguir los hechos delictivos.[14] En efecto, la función persecutoria, consiste principalmente en dos grandes atribuciones, la actividad inherente a la investigación, indagación o averiguación de situaciones fácticas que puedan ser constitutivas de delito, por medio de la recolección de un caudal probatorio apto y suficiente para el esclarecimiento de los hechos, y en su caso, la segunda atribución que consiste en el ejercicio de la acción penal, que se traduce en la serie de diligencias, gestiones o actuaciones del ministerio público ante el órgano jurisdiccional con la finalidad de que este realice su función propia, que se traduce en la aplicación de la norma punitiva al caso concreto.

---

14 Sin perjuicio de la figura denominada, acción penal por particular, en la que en determinados casos, un particular puede solicitar audiencia con el **juzgado de control** con la finalidad de ejercerla sin intervención del ministerio público la acción penal, figura que se analizará a detalle en capítulos posteriores.

Válidamente podemos sostener que en el actual sistema acusatorio, el ejercicio de la acción penal de manera específica se inicia con la solicitud de audiencia inicial –como se ha puntualizado anteriormente-, con la puesta a disposición de un detenido por flagrancia o caso urgente ante el juzgado de control, o en su caso con la solicitud directa de una orden de aprehensión.

2.2. LA AUDIENCIA INICIAL.

Definición. Es la primer audiencia del **proceso** en estricto sentido, misma que se encuentra presidida por el juez de control y que se compone de varios actos o diligencias procesales tales como el control de la detención[15], la formulación de imputación, la declaración del imputado, la vinculación a proceso, medidas cautelares y el señalamiento del plazo para el cierre de la investigación complementaria.[16]

> **Artículo 307. Audiencia inicial**
>
> En la audiencia inicial se informarán al imputado sus derechos constitucionales y legales, si no se le hubiese informado de los mismos con anterioridad, se realizará el **control de legalidad de la detención** si correspondiere, se **formulará la imputación**, se dará la **oportunidad de declarar al imputado**, se resolverá sobre las solicitudes de **vinculación a proceso** y **medidas cautelares** y se **definirá el plazo para el cierre de la investigación**.

---

15 Únicamente en caso de flagrancia o caso urgente.

16 Solamente habrá señalamiento del plazo para el cierre de la investigación complementaria en caso de que exista un auto de vinculación a proceso, en virtud de que en el supuesto de encontrarnos en presencia de un auto de no vinculación a proceso, terminar no habrá plazo para la investigación complementaria que señalar. Igualmente debe señalarse a la audiencia inicial solamente se incluye el señalamiento del plazo, y no todo el transcurso de este.

En caso de que el Ministerio Público solicite la procedencia de prisión preventiva dicha cuestión deberá ser resuelta antes de que se dicte el auto de vinculación a proceso.

A esta audiencia deberá concurrir el Ministerio Público, el imputado y su Defensor. La víctima u ofendido o su Asesor jurídico, podrán asistir si así lo desean, pero su presencia no será requisito de validez de la audiencia.

2.3. EL CONTROL DE DETENCIÓN.

Definición. Es la fase de la audiencia inicial que preside el juez de control, y que se celebra únicamente en los casos en que es puesto a su disposición un detenido por flagrancia o caso urgente, y que tiene como finalidad que el órgano jurisdiccional analice las circunstancias de la captura, para verificar la legalidad de la misma y como resultado ratificarla o revocarla (calificarla de legal o ilegal).

De la definición anterior podemos desglosar los siguientes elementos:

a. **El control de la detención es una fase de la audiencia inicial.** La[17] audiencia inicial encapsula o comprende varios actos procesales, entre ellos en control de la detención, lo anterior se sostiene atentos a lo dispuesto por el numeral 307 del CNPP antes citado.

b. **Preside el Juez de Control.** En efecto, durante la investigación inicial, el ministerio público resulta la autoridad que

---

17 El fundamento constitucional del control de detención descansa en el ordinal 16 párrafo séptimo, que establece: "En casos de urgencia o flagrancia, el juez que reciba la consignación del detenido deberá inmediatamente ratificar la detención o decretar la libertad con las reservas de ley".

dirige esta fase, sin embargo, desde el momento en que se pone a un detenido a disposición de este tribunal, la causa ya se encuentra sometida al mismo, y el ministerio público se convierte en la parte imputadora.

c. **Únicamente en caso de flagrancia o urgencia.** Esta audiencia se actualiza en el flujograma procesal solo en los casos en que se haya puesto a disposición del juez de control a un detenido por flagrancia o urgencia, ya que si la investigación inicial se detonó con una denuncia o querella, y se integró la carpeta de investigación con el imputado en libertad, entonces el ministerio público no tendrá a ninguna persona detenida que poner a disposición del juzgado de control, por lo que por obvias razones, no se actualiza control de detención alguno. En el supuesto de que el ministerio público haya integrado una carpeta de investigación sin detenido, tendrá que enviar un oficio al juzgado de control para solicitar directamente audiencia de formulación de imputación, proporcionando el nombre y domicilio del imputado y su defensor, quienes deberán ser citados para comparecer de manera voluntaria a esta audiencia de formulación de imputación, apercibidos que en caso de no asistir sin tener causa justificada se podrá librar una orden de aprehensión para aproximarlo de manera coactiva. En los casos en que el ministerio público conozca la identidad del imputado, pero no su paradero, evidentemente no se tendría un lugar preciso donde notificar al mismo, por lo que de acreditar que se han realizado un cúmulo de diligencias orientadas a la localización del imputado sin éxito alguno, podrá solicitarse directamente una orden de aprehensión ante el juez de control, para efecto de capturar al imputado en cualquier lugar que se encuentre.

d. **Finalidad.** El objetivo del control de la detención, es que el órgano jurisdiccional se pronuncie sobre la legalidad de la captura. Lo anterior ya que en caso de flagrancia, cualquier ciudadano o policía puede realizar la detención, y en primer término el ministerio público realiza un examen de la detención, por lo que de considerarla lícita, puede retener al sujeto hasta por 48 horas, lo que implicará la necesidad de que un juez de control se pronuncie sobre la captura, determinando si resulta plausible o no la misma. Lo mismo ocurre en caso de urgencia, en la que el ministerio público ordena la detención, lo que hace indispensable el análisis jurisdiccional de la orden emitida por el órgano persecutor, verificando la debida fundamentación y motivación.

2.4. DESARROLLO DEL CONTROL DE DETENCIÓN.

En caso de actualizarse esta audiencia, será el primer contacto que tengan las partes con el juzgado de control, por lo que será necesaria su individualización, es decir la mención de su nombre y datos de notificación para efectos del registro de audio y video de la audiencia. Acto seguido, en caso de encontrarse presente la víctima u ofendido, el juez de control verificará que el ministerio público le haya hecho saber sus derechos. Inmediatamente después, verificará que el imputado conozca sus derechos y los comprenda adecuadamente, si no es el caso dentro de la misma audiencia se realizará la lectura de derechos y explicación de los mismos, y si ya los conocía y comprendía a cabalidad, se procederá a la designación del abogado defensor y con la correspondiente aceptación del cargo de la defensa.[18]

---

[18] El artículo 122 de CNPP, determina que: Cuando el imputado no pueda o se niegue a designar un Defensor particular, el Ministerio Público solicitará a la autoridad competente se nombre un Defensor público; si es ante el Órgano jurisdiccional éste designará al defensor público, que lleve la representación de la defensa desde el primer acto en que intervenga. Será responsabilidad del defensor la oportuna comparecencia.

Cumplidas las anteriores formalidades, se le concederá la palabra al ministerio público para que exponga las circunstancias que motivaron la captura del imputado, de tal suerte que si la detención se realizó en flagrancia, el ministerio público habrá de exponer el contenido de las actas que integran el documento denominado puesta a disposición, que resulta ser el relato cronológico y pormenorizado de la actuación del agente captor, mismo que sirvió en su momento para que el ministerio público analizara las circunstancias de la detención, asimismo luego de la fase descriptiva, el órgano persecutor argumentará exponiendo las razones por las que consideró en el examen de la detención que la misma fue plausible, y solicitará al juzgado de control que califique de legal la misma. Al finalizar la exposición del ministerio público, se dará la oportunidad de hacer uso de la palabra a la defensa, de tal suerte que en esta parte, en caso de considerar que existieron irregularidades en la detención, se lo hará saber al órgano jurisdiccional, solicitando que la detención se califique de ilegal, y se otorgue la inmediata libertad al detenido. Luego de la primera fase de exposiciones descriptivas y argumentativas, en caso de solicitarlo las partes podrán tener el uso de la palabra en una segunda ronda, en la que solo se incorporarán argumentos novedosos que se hagan cargo de los anteriormente expuestos por su contrincante. Al finalizar la segunda ronda, en caso de haber sido solicitada por las partes, se cerrará el debate y el juzgado de control emitirá una resolución fundada y motivada en la que determinará si la detención fue legal o ilegal.

La misma mecánica habrá de seguirse en caso de urgencia, con la diferencia de que la exposición del ministerio público no consiste en hacer saber al órgano jurisdiccional las circunstancias contenidas en la puesta a disposición que elaboraron los agentes captores, y que a su vez motivó el examen de la detención realizado en aquella primigenia etapa procedimental, sino que la exposición del ministerio público en el caso urgente se centra en la orden que el mismo órgano emitió, por lo que el juzgado de control determinará si efectivamente se colmaron los supuestos de urgencia precisados en supra líneas, y en su caso calificar la orden de detención previamente emitida por el órgano investigador como legal o ilegal.

2.5 EFECTOS DEL CONTROL DE DETENCIÓN.

En el control de la detención, el órgano jurisdiccional determinará si la captura fue apegada a derecho. Si la calificación resulta ser de ilegal, esto implicará la inmediata libertad del detenido, sin que esto surta los efectos de una sentencia absolutoria o se traduzca en impunidad, lo que significa que el hecho de que el en el control de la detención se adviertan irregularidades en la misma, solo tendrá por consecuencia la liberación del detenido, y en caso de violaciones evidentes y graves a los derechos humanos del detenido se puedan atribuir las responsabilidades y sanciones a los involucrados en la arbitraria detención. Pero aun así el ministerio público, con posterioridad, podrá solicitar audiencia para formular imputación, a la que se le invitará para acudir de manera voluntaria, ya puesto en libertad, con el apercibimiento de que en caso de no comparecer sin causa justificada, se podrá librar una orden de aprehensión en su contra.

Desde luego, que en caso de haberse calificado de legal la detención por parte del juzgado de control, de manera inmediata se procede a la siguiente fase, denominada formulación de la imputación.

Todo lo antes expuesto, resulta una explicación detallada y pormenorizada del numeral 308 del CNPP, que establece:

Artículo 308. Control de legalidad de la detención

Inmediatamente después de que el imputado detenido en flagrancia o caso urgente sea puesto a disposición del Juez de control, se citará a la audiencia inicial en la que se realizará el control de la detención antes de que se proceda a la formulación de la imputación. El Juez le preguntará al detenido si cuenta con Defensor y en caso negativo, ordenará que se le nombre un Defensor público y le hará saber que tiene derecho a ofrecer datos de prueba, así como acceso a los registros.

El Ministerio Público deberá justificar las razones de la detención y el Juez de control procederá a calificarla, examinará el cumplimiento del plazo constitucional de retención y los requisitos de procedibilidad, ratificándola en caso de encontrarse ajustada a derecho o decretando la libertad en los términos previstos en este Código.

Ratificada la detención en flagrancia, caso urgente, y cuando se hubiere ejecutado una orden de aprehensión, el imputado permanecerá detenido durante el desarrollo de la audiencia inicial, hasta en tanto no se resuelva si será o no sometido a una medida cautelar.

En caso de que al inicio de la audiencia el agente del Ministerio Público no esté presente, el Juez de control declarará en receso la audiencia hasta por una hora y ordenará a la administración del Poder Judicial para que se comunique con el superior jerárquico de aquél, con el propósito de que lo haga comparecer o lo sustituya. Concluido el receso sin obtener respuesta, se procederá a la inmediata liberación del detenido.

La omisión del Ministerio Público o de su superior jerárquico, al párrafo precedente los hará incurrir en las responsabilidades de conformidad con las disposiciones aplicables.

2.6. LA FORMULACIÓN DE LA IMPUTACIÓN.

Definición. Es una fase de la audiencia inicial, y el comienzo de la investigación complementaria que consiste en la comunicación que realiza el agente del ministerio público al imputado, en presencia del juez de control, y del abogado defensor, de que se integra una investigación en su contra por uno o varios hechos constitutivos de delito.

La definición anterior, resulta susceptible de desglosarse en los siguientes elementos:

a. **Es una fase de la audiencia inicial, y el inicio de la investigación complementaria.** En efecto, debemos ser bastante precisos en torno a estas dos características esenciales de la formulación de imputación. Primeramente podemos sostener que es una de las actuaciones o fases que componen la denominada audiencia inicial, lo anterior al tenor de lo expuesto en el dispositivo 307 del CNPP:

> **Artículo 307. Audiencia inicial**
>
> En la audiencia inicial se informarán al imputado sus derechos constitucionales y legales, si no se le hubiese informado de los mismos con anterioridad, se realizará el control de legalidad de la detención si correspondiere, **se formulará la imputación,** se dará la oportunidad de declarar al imputado, se resolverá sobre las solicitudes de vinculación a proceso y medidas cautelares y se definirá el plazo para el cierre de la investigación.
>
> En caso de que el Ministerio Público solicite la procedencia de prisión preventiva dicha cuestión deberá ser resuelta antes de que se dicte el auto de vinculación a proceso.

Por lo tanto, la audiencia inicial, solo en los casos de flagrancia o urgencia, iniciará con la fase de control de detención, y en caso de que la captura resulte apegada a derecho, se continuará con la segunda fase de la audiencia inicial, siendo en este supuesto la formulación de la imputación. En los casos en los que no exista, flagrancia ni urgencia, como se ha detallado en líneas anteriores, el ministerio público solicitara de manera directa por medio de oficio dirigido al juzgado de control fecha la formulación de imputación, lo que significa que si no se actualizan las hipótesis de flagrancia o caso urgente, la primera fase de la audiencia inicial será la formulación de la imputación y no el control de la detención. Hasta aquí, se ha explicado la ubicación procesal de la formulación de imputación, en cuanto a su posición dentro de la audiencia inicial, sin embargo de igual forma, esta fase de la audiencia inicial detona una etapa más amplia dentro del proceso penal, denominada investigación complementaria, lo anterior según lo dispone el artículo 211 del CNPP:

> **Artículo 211. Etapas del procedimiento penal**
>
> El procedimiento penal comprende las siguientes etapas:
>
> **I.** La de investigación, que comprende las siguientes fases:
>
> **a)** Investigación inicial, que comienza con la presentación de la denuncia, querella u otro requisito equivalente y concluye cuando el imputado queda a disposición del Juez de control para que se le formule imputación, e
>
> **b)** Investigación complementaria, que comprende desde la **formulación de la imputación** y se agota una vez que se haya cerrado la investigación;

Por lo tanto, la formulación de imputación es una parte de la audiencia inicial, y a su vez detona u origina la siguiente gran etapa denominada investigación complementaria, lo que significa que con la formulación de imputación se ha marcado a su vez el final de la investigación inicial, y ha iniciado el proceso en estricto sentido, puesto que se ha dado intervención al órgano jurisdiccional mediante el ejercicio de la acción penal.[19]

b. **El ministerio público comunica al imputado, en presencia del juez de control que se sigue una investigación en su con-**

---

[19] Según lo detalla el último párrafo del artículo 211 del CNPP, "El proceso dará inicio con la audiencia inicial, y terminará con la sentencia firme."

tra. Esto no significa que el imputado no tuviera conocimiento previo del contenido de la carpeta de investigación, en virtud de que durante la investigación inicial se le debe de notificar al imputado de la existencia de una denuncia o querella en su contra, y brindarle la oportunidad de incorporar datos a la misma, que incluso pudieran inspirar al ministerio público a emitir un auto de no ejercicio de la acción penal, ya que la investigación inicial no resulta secreta para el imputado. Con mayor razón debe hacerse del conocimiento del contenido de la carpeta de investigación al imputado cuando este se encuentra detenido por flagrante delito o urgencia, ya que resultaría violatorio de sus derechos fundamentales mantenerlo detenido sin informarle la causa o motivo de la privación de su libertad. Por lo tanto, en la formulación de imputación, se le comunicará al imputado que se sigue una investigación en su contra, dato que en ningún momento se le ocultó, sin embargo la nota distintiva consiste en que se comunicará lo que ya sabía, pero esta vez en presencia de un juez de control, lo que se traduce en el formal ejercicio de la acción penal.

2.6.1. Momento procesal oportuno para formular imputación.

Habiendo definido la formulación de imputación, es pertinente puntualizar el momento procesal en el que deberá de verificarse la misma, por lo tanto habremos de distinguir si el imputado se encuentra o no en calidad de detenido. De manera sintética podemos explicar lo siguiente:

Oportunidad para Formular Imputación	**CON DETENIDO**. Inmediatamente después de la fase denominada Control de Detención, siempre que la misma sea calificada de legal.
	SIN DETENIDO. Cuando el ministerio público considere oportuno, siempre que no haya prescrito la acción penal durante la investigación inicial. Se enviará oficio al juzgado de control solicitando fecha y hora para la celebración de la audiencia inicial que comenzará en este supuesto y por evidentes razones con la formulación de imputación y no con el control de detención. Una vez enviado el oficio en comentario, el juez de control señalará fecha para la audiencia inicial que deberá de celebrarse dentro de los 15 días posteriores.

Fundamentan lo anteriormente expuesto los artículos 309 y 310 del CNPP:

Artículo 309. Oportunidad para formular la imputación a personas detenidas.

La formulación de la imputación es la comunicación que el Ministerio Público efectúa al imputado, en presencia del Juez de control, de que desarrolla una investigación en su contra respecto de uno o más hechos que la ley señala como delito.

En el caso de detenidos en flagrancia o caso urgente, después que el Juez de control califique de legal la detención, el Ministerio Público deberá formular la imputación, acto seguido solicitará la vinculación del imputado a proceso sin perjuicio del plazo constitucional que pueda invocar el imputado o su Defensor.

En el caso de que el Ministerio Público o la víctima u ofendido o el Asesor jurídico solicite una medida cautelar y el imputado se haya acogido al plazo constitucional, el debate sobre medidas cautelares sucederá previo a la suspensión de la audiencia.

El imputado no podrá negarse a proporcionar su completa identidad, debiendo responder las preguntas que se le dirijan con respecto a ésta y se le exhortará para que se conduzca con verdad.

Se le preguntará al imputado si es su deseo proporcionar sus datos en voz alta o si prefiere que éstos sean anotados por separado y preservados en reserva.

Si el imputado decide libremente declarar, el Ministerio Público, el Asesor jurídico de la víctima u ofendido, el acusador privado en su caso y la defensa podrán dirigirle preguntas sobre lo que declaró, pero no estará obligado a responder las que puedan ser en su contra.

En lo conducente se observarán las reglas previstas en este Código para el desahogo de los medios de prueba.

Artículo 310. Oportunidad para formular la imputación a personas en libertad

El agente del Ministerio Público podrá formular la imputación cuando considere oportuna la intervención judicial con el propósito de resolver la situación jurídica del imputado.

Si el Ministerio Público manifestare interés en formular imputación a una persona que no se encontrare detenida, solicitará al Juez de control que lo cite en libertad y señale fecha y hora para que tenga verificativo la audiencia inicial, la que se llevará a cabo dentro de los quince días siguientes a la presentación de la solicitud.

Cuando lo considere necesario, para lograr la presencia del imputado en la audiencia inicial, el agente del Ministerio Público podrá solicitar **orden de aprehensión o de comparecencia**, según sea el caso y el Juez de control resolverá lo que corresponda. Las solicitudes y resoluciones deberán realizarse en los términos del presente Código.

2.6.2. La Orden de aprehensión.

Definición de orden de aprehensión. Es un mandato emitido por un órgano jurisdiccional especializado en el área penal (juzgado de control o tribunal de enjuiciamiento), únicamente a solicitud del ministerio público, que tiene como finalidad capturar al imputado para que este sea trasladado ante la presencia del órgano emisor, en los casos en que exista sustracción a la acción de la justicia, incumplimiento de las citaciones sin causa justificada, o bien que su asistencia pudiera verse demorada o dificultada.

Esta figura jurídica se encuentra contemplada a rango constitucional particularmente en artículo 16, mismo que establece los siguientes requisitos para su libramiento:

a. Que exista previa denuncia o querella.[20]

b. Que la denuncia o querella se refieran a un delito sancionado con pena privativa de libertad.[21]

c. Que existan datos que establezcan que se ha cometido un hecho que la norme jurídica contempla como delito.[22]

d. Que exista la probabilidad de que el imputado lo cometió o participó en su comisión.

e. Que lo solicite el Ministerio Público.[23]

Además de los parámetros constitucionales, el CNPP desarrolla la figura en estudio, distinguiéndola de la simple cita-

---

[20] Incluso como se establece en el capítulo octavo de esta obra, que se haya admitido el equivalente por el **juzgado de control** (acción penal por particular).

[21] Si el delito no se sanciona con penalidad privativa de la libertad, existirán otros medios legales para garantizar la conducción del imputado ante el tribunal, como se analizará en líneas posteriores.

[22] La simple denuncia o querella sin apoyo en otra prueba, resulta solo la narración de un posible delito que por sí sola nada acredita, por lo que deben exponerse al tribunal los antecedentes que obran la carpeta de investigación y que robustecen la existencia de un delito.

[23] Esta autoridad es quien debe solicitar y ordenar la ejecución de la orden de aprehensión, pero su expedición corresponde inexorablemente a la autoridad judicial.

ción y de la orden de comparecencia, tal y como se advierte del arábigo 141 del ordenamiento en cita, del cual se pueden apreciar algunas inconsistencias en su redacción que pueden generar confusión:

> **Artículo 141. Citatorio, orden de comparecencia y aprehensión**
>
> Cuando se haya presentado denuncia o querella de un hecho que la ley señale como delito, el Ministerio Público anuncie que obran en la carpeta de investigación datos que establezcan que se ha cometido ese hecho y exista la probabilidad de que el imputado lo haya cometido o participado en su comisión, el Juez de control, a solicitud del Ministerio Público, podrá ordenar:
>
> I. **Citatorio** al imputado para la audiencia inicial;
>
> II. **Orden de comparecencia**, a través de la fuerza pública, en contra del imputado que habiendo sido citado previamente a una audiencia no haya comparecido, sin justificación alguna, y
>
> III. **Orden de aprehensión** en contra de una persona cuando el Ministerio Público advierta que existe la necesidad de cautela.
>
> En la clasificación jurídica que realice el Ministerio Público se especificará el tipo penal que se atribuye, el grado de ejecución del hecho, la forma de intervención y la naturaleza dolosa o culposa de la conducta, sin perjuicio de que con posterioridad proceda la reclasificación correspondiente.
>
> **También podrá ordenarse la aprehensión de una persona cuando resista o evada la orden de comparecencia judicial y el delito que se le impute merezca pena privativa de la libertad.**
>
> **La autoridad judicial declarará sustraído a la acción de la justicia al imputado que, sin causa justificada, no comparezca a una citación judicial,** se fugue del establecimiento o lugar donde esté detenido o se ausente de su domicilio sin aviso, teniendo la obligación de darlo. **En cualquier caso, la declaración dará lugar a la emisión de una orden de aprehensión en contra del imputado que se haya sustraído de la acción de la justicia.**

> El Juez podrá dictar orden de reaprehensión en caso de que el Ministerio Público lo solicite para detener a un imputado cuya extradición a otro país hubiera dado lugar a la suspensión de un procedimiento penal, cuando en el Estado requirente el procedimiento para el cual fue extraditado haya concluido.
>
> El Ministerio Público podrá solicitar una orden de aprehensión en el caso de que se incumpla una medida cautelar, en los términos del artículo 174, y el Juez de control la podrá dictar en el caso de que lo estime estrictamente necesario.

Del análisis del dispositivo textualmente citado, podemos advertir la posibilidad de librar una orden de aprehensión, siempre que el imputado evada una orden de comparecencia, si es que el delito merece pena de prisión. Por tanto aparece en nuestro firmamento jurídico la regla general consistente en la necesidad de agotar la citación, y en el supuesto de incumplimiento injustificado, el libramiento de una orden de comparecencia – dirigida a capturar al imputado y presentarlo ante el órgano emisor un día y hora determinado -, empero, evadida la orden de comparecencia, habrá de escalarse al libramiento de una orden de aprehensión, para efecto de que en cuanto sea localizada la persona imputada se le captura y traslada ante el órgano jurisdiccional – claro está, que aún evadida la orden de comparecencia, si el delito que se persigue no se encuentra sancionado con pena privativa de la libertad, no habrá más remedio que seguir agotando ordenes de comparecencia hasta lograr la ejecución de las mismas.

También debe precisarse, que existe la posibilidad de solicitar de manera directa la orden de aprehensión ante el órgano jurisdiccional, sin necesidad de agotar el citatorio para la audiencia inicial, y la orden de comparecencia, siempre que exista la necesidad de cautela.

El Artículo 142 del CNPP exige que en la solicitud de cualquier orden de comparecencia, o en su caso de aprehensión, deberá plasmarse una relación circunstanciada de los hechos atribuidos al imputado, acompañada de la descripción detallada de los registros que integran la carpeta de investigación, exponiéndose adicionalmente las razones por las que considera que se actualizaron las exigencias señaladas en el artículo 141 del mismo ordenamiento (necesidad de cautela). Las solicitudes se podrán formular medio de escrito, por cualesquier otra vía garantice su autenticidad, o incluso en audiencia privada ante el Juez de control.

En torno a la dinámica de resolución por parte del juzgador sobre la solicitud de orden de aprehensión o comparecencia, debemos exponer el contenido de los siguientes dispositivos:

> **Artículo 143. Resolución sobre solicitud de orden de aprehensión o comparecencia**
>
> El Juez de control resolverá la solicitud de orden de aprehensión o comparecencia **en audiencia, o a través del sistema informático**; en ambos casos con la debida secrecía, y se pronunciará sobre cada uno de los elementos planteados en la solicitud.
>
> En el primer supuesto, la solicitud deberá ser resuelta en la misma **audiencia**, que se fijará **dentro de las veinticuatro horas** a partir de la solicitud, exclusivamente con la presencia del Ministerio Público.
>
> En el segundo supuesto, **dentro de un plazo máximo de veinticuatro horas, siguientes al momento en que se haya recibido la solici**tud.
>
> En caso de que la solicitud de orden de aprehensión o comparecencia no reúna alguno de los requisitos exigibles, el Juez de control prevendrá en la misma audiencia o por el sistema informático al Ministerio Público para que haga las precisiones o aclaraciones correspondientes, ante lo cual el Juez de control podrá dar una clasificación jurídica distinta a los hechos que se planteen o a la participación que tuvo el imputado en los mismos. No se concederá la orden de aprehensión cuando el Juez de control considere que los hechos que señale el Ministerio Público en su solicitud resulten no constitutivos de delito.

Si la resolución se registra por medios diversos al escrito, los puntos resolutivos de la orden de aprehensión deberán transcribirse y entregarse al Ministerio Público.

Artículo 145. Ejecución y cancelación de la orden de comparecencia y aprehensión

La orden de aprehensión se entregará física o electrónicamente al Ministerio Público, quien la ejecutará por conducto de la Policía. Los agentes policiales que ejecuten una orden judicial de aprehensión pondrán al detenido inmediatamente a disposición del Juez de control que hubiere expedido la orden, en área distinta a la destinada para el cumplimiento de la prisión preventiva o de sanciones privativas de libertad, informando a éste acerca de la fecha, hora y lugar en que ésta se efectuó, debiendo a su vez, entregar al imputado una copia de la misma.

Los agentes policiales deberán informar de inmediato al Ministerio Público sobre la ejecución de la orden de aprehensión para efectos de que éste solicite la celebración de la audiencia inicial a partir de la formulación de imputación.

Los agentes policiales que ejecuten una orden judicial de comparecencia pondrán al imputado inmediatamente a disposición del Juez de control que hubiere expedido la orden, en la sala donde ha de formularse la imputación, en la fecha y hora señalada para tales efectos. La Policía deberá informar al Ministerio Público acerca de la fecha, hora y lugar en que se cumplió la orden, debiendo a su vez, entregar al imputado una copia de la misma.

Cuando por cualquier razón la Policía no pudiera ejecutar la orden de comparecencia, deberá informarlo al Juez de control y al Ministerio Público, en la fecha y hora señaladas para celebración de la audiencia inicial.

El Ministerio Público podrá solicitar la cancelación de una orden de aprehensión o la reclasificación de la conducta o hecho por los cuales hubiese ejercido la acción penal, cuando estime su improcedencia por la aparición de nuevos datos.

La solicitud de cancelación deberá contar con la autorización del titular de la Procuraduría o del funcionario que en él delegue esta facultad.

El Ministerio Público solicitará audiencia privada ante el Juez de control en la que formulará su petición exponiendo los nuevos datos; el Juez de control resolverá de manera inmediata.

La cancelación no impide que continúe la investigación y que posteriormente vuelva a solicitarse orden de aprehensión, salvo que por la naturaleza del hecho en que se funde la cancelación, deba sobreseerse el proceso.

La cancelación de la orden de aprehensión podrá ser apelada por la víctima o el ofendido.

2.6.3. Desarrollo de la formulación de imputación.

Como se ha explicado en supra líneas, en cuanto al momento procesal oportuno existen dos supuestos para formular imputación, dependiendo de la existencia de persona o no detenida. Si hay detención por flagrancia o caso urgente, debemos de formular imputación inmediatamente después del control de la detención, siempre que esta haya sido calificada de legal, ya que en caso contrario se liberará al detenido y se podrá continuar con la audiencia inicial, lo que hará necesario que el ministerio público solicite por oficio fecha la formulación de imputación por oficio, misma que será agendada para una fecha distinta, dentro de los 15 días posteriores a la solicitud, debiendo citar el juzgado de control al imputado que ya se encuentra liberado, para que comparezca de manera voluntaria a la audiencia en comento, apercibido de que en caso de no acudir, se podrá emitir una orden de aprehensión en su contra. El otro supuesto, radica precisamente en que el imputado nunca haya estado detenido, lo que implicará que el ministerio público, inexorablemente tenga que solicitar la audiencia por oficio dirigido al Juez de Control en turno, del distrito judicial al que pertenezca, petición a la que deberá de asignarse fecha de audiencia, igualmente dentro de los 15 días posteriores, citando al imputado para que comparezca de manera voluntaria, en el entendido de que de incurrir en desacato a la citación judicial, se podrá librar una orden de aprehensión en su contra.

Llegado el momento para la formulación de imputación, en cualquiera de los supuestos explicados en párrafos anteriores, el Tribunal concederá la palabra al ministerio público para que realice de manera verbal la formulación, misma que consiste en exponerle al imputado, en presencia del juzgado de control, de manera sintética un relato circunstanciado del hecho delictivo que se le atribuye al imputado, es decir fecha, lugar y modo de comisión, pero en un relato o narrativa breve y claro, como si se tratara de la sinopsis de una película. Igualmente, el órgano persecutor deberá de especificar la clasificación jurídica del hecho atribuido, es decir que deberá de especificar con meridiana claridad en que tipo penal se adecúa el hecho atribuido, con sus respectivas circunstancias modificatorias de responsabilidad penal. Igualmente se debe de especificar el nombre del denunciante o querellante, a menos que exista reserva de identidad, así como el nombre de los testigos que deponen en contra del imputado, salvo que también existe reserva de identidad para la protección de estos últimos.

Justo al momento inmediato posterior a que el agente del ministerio público finalice con la exposición que contiene la formulación de la imputación, el juzgado de control deberá de realizar las siguientes intervenciones:

a. **Cuestionar al imputado respecto al entendimiento de la formulación de imputación.** Este cuestionamiento no radica en preguntarle al imputado si se encuentra de acuerdo con los hechos atribuidos, sino únicamente permitirle hacer saber al órgano jurisdiccional si comprendió adecuadamente las situaciones fácticas que se le imputan.

b. **Preguntar al defensor si requiere alguna precisión o aclaración.** Igualmente, en este caso no se requiere que la defensa exponga su teoría del caso, o argumentos defensivos, sino que únicamente exponga si requiere que el ministerio público comunique de nueva cuenta algún dato o detalle de la formulación de imputación que necesite, que no haya entendido adecuadamente, o bien que no haya alcanzado a realizar sus anotaciones respectivas, se insiste en que solo se le brinda la oportunidad a la defensa para que solicite alguna precisión o aclaración, **lo que se traduce en que en la formulación de imputación no existe debate, no opera contradicción.**

c. **El mismo juez de control, puede solicitar aclaraciones o precisiones al ministerio público.** En efecto, el juez se encuentra en aptitud de solicitar al ministerio público que repita datos esenciales, aclare fechas, direcciones, o cualquier tópico expuesto en la formulación de imputación, esto no significa que el juez de control pueda suplir las deficiencias de la formulación realizada por el ministerio público, esta atribución significa que el juez puede considerar que las locuciones utilizadas por el ministerio público no fueron claras, o bien que pasó algún detalle del que no alcanzó a realizar anotaciones, por lo que puede solicitar su explicación.

Todo lo antes expuesto lo podemos encontrar sustentado en el artículo 311 del CNPP:

Artículo 311. Procedimiento para formular la imputación

Una vez que el imputado esté presente en la audiencia inicial, por haberse ordenado su comparecencia, por haberse ejecutado en su contra una orden de aprehensión o ratificado de legal la detención y después de haber verificado el Juez de control que el imputado conoce sus derechos fundamentales dentro del procedimiento penal o, en su caso, después de habérselos dado a conocer, se ofrecerá la palabra al agente del Ministerio Público para que éste exponga al imputado el hecho que se le atribuye, la calificación jurídica preliminar, la fecha, lugar y modo de su comisión, la forma de intervención que haya tenido en el mismo, así como el nombre de su acusador, salvo que, a consideración del Juez de control sea necesario reservar su identidad en los supuestos autorizados por la Constitución y por la ley.

El Juez de control a petición del imputado o de su Defensor, podrá solicitar las aclaraciones o precisiones que considere necesarias respecto a la imputación formulada por el Ministerio Público.

Si el imputado decidiera declarar en relación a los hechos que se le imputan, se le informarán sus derechos procesales relacionados con este acto y que lo que declare puede ser utilizado en su contra, se le cuestionará si ha sido asesorado por su Defensor y si su decisión es libre.

2.7. DECLARACIÓN DEL IMPUTADO SOBRE LA FORMULACIÓN DE LA IMPUTACIÓN.

Definición. Son las manifestaciones verbales que puede realizar el imputado ante el Juez de Control con la finalidad de proporcionar su versión de los hechos sobre la imputación realizada por el agente del ministerio público, siempre en presencia de su defensor, de manera libre, voluntaria e informada de los efectos y consecuencias de su realización.

La anterior definición se puede desglosar en los siguientes elementos:

a. **Una serie de manifestaciones verbales**. En efecto, la declaración contiene una serie de locuciones verbales que el imputado expresa ante el órgano investigador, sin que exista posibilidad de que esta se pueda presentar por escrito dentro de la carpeta de investigación y posteriormente se ratifique ante el juzgado de control. En el supuesto de que el imputado decida rendir declaración ante el ministerio público, durante la investigación inicial, esta declaración formará parte integrante de la carpeta de investigación, y podrá ser tomada en consideración por el órgano investigador para decidir si ejercita o no la acción penal. En caso de que el ministerio público ejercite la pretensión punitiva, y formule imputación, la declaración del imputado durante la investigación inicial, únicamente servirá para apoyarle a la memoria, o evidenciar alguna contradicción, pero bajo ninguna circunstancia podrá ser sustituida su declaración sobre la imputación, por la declaración rendida en la investigación inicial. Desde luego no resulta necesario que el imputado declare inicialmente ante el ministerio público, para efecto de que pueda rendir su declaración ante el juzgado de control.

b. **Que puede realizar el imputado**. En efecto, el imputado 'puede' rendir su declaración sobre la imputación ante el juez de control sin embargo, esto no es un deber, ya que el imputado se encuentra en posibilidad de guardar silencio, sin que esto constituya una presunción en su contra o refleje su rebeldía al proceso. El órgano jurisdiccional no deberá considerar la negativa del imputado a declarar como un indicio de ocultamiento, por lo que no deberá de cargarle un costo procesal por su silencio.

c. **Esta declaración se rinde ante el juez de control.** El imputado tiene el derecho de declarar en cualquier fase o etapa procesal, sin embargo, de manera inexorable, después de la formulación de imputación, debe dársele la opción de expresarse sobre la misma. Como se ha puntualizado en supra líneas, desde la investigación inicial, el imputado puede rendir su declaración ante el ministerio público, verbigracia con el propósito de lograr un auto de no ejercicio de la acción penal[24], siempre que su declaración resulte armó-

---

[24] El no ejercicio de la acción penal, se encuentra previsto en el ordinal 255 del CNPP, "Artículo 255. No ejercicio de la acción Antes de la audiencia inicial, el Ministerio Público previa autorización del

nicamente concatenada con diverso caudal probatorio, no obstante puede resultar que a pesar de haber realizado su declaración ante el órgano investigador, este decida ejercitar la acción penal en su contra, por lo que un siguiente momento procesal oportuno para pronunciarse sobre la teoría del caso que lo señala como responsable, será la declaración ante el juez de control, y si de igual forma no logra convencer al juez de control con sus argumentos, concatenados con la actividad de la defensa, vendrán más oportunidades para declarar en su propio beneficio, como por ejemplo ante el tribunal de enjuiciamiento, en caso de que la causa penal no se solucione por algún medio alternativo o procedimiento abreviado.

d. **Finalidad.** La finalidad de la declaración del imputado ante el juez de control es proporcionar su propia versión de los hechos que le son atribuidos por el agente del ministerio público. No es del todo preciso considerar que con la declaración del imputado se busca lograr convencer al tribunal sobre su no participación en los hechos delictivos que le son atribuidos, en virtud de que una declaración en sentido amplio puede encontrarse orientada a diversos sentidos, verbigracia deslindarse de los hechos, o quizás la declaración del imputado pueda contener una confesión. Una confesión puede encontrarse dentro de una declaración de imputado, pero no toda declaración de imputado puede contener una confesión.

Procurador o del servidor público en quien se delegue la facultad, podrá decretar el no ejercicio de la acción penal cuando de los antecedentes del caso le permitan concluir que en el caso concreto se actualiza alguna de las causales de sobreseimiento previstas en este Código. La determinación de no ejercicio de la acción penal, para los casos del artículo 327 del presente Código, inhibe una nueva persecución penal por los mismos hechos respecto del indiciado, salvo que sea por diversos hechos o en contra de diferente persona."

2.7.1. Momento procesal oportuno para la declaración del imputado sobre la formulación.

Inmediatamente después de formulada la imputación y verificado por el juez de control que no existan aclaraciones o precisiones solicitadas por el imputado o su abogado defensor, le comentará al imputado que es el momento en el que puede decidir si responder formalmente a la imputación, rindiendo en ese mismo momento y de manera verbal su declaración, para lo cual se recomienda que consulte esta decisión con su abogado defensor. El imputado tiene derecho en todo momento de guardar silencio, ya que todo lo expresado puede ser utilizado en su contra, por lo que debe tomar con seriedad la decisión de declarar o abstenerse de hacerlo. Como se ha puntualizado, la decisión es del imputado, quien solo realiza la consulta con su defensor, siendo viable que surja la hipótesis consistente en que un defensor recomiende al imputado guardar silencio en ese momento procesal, pero que el imputado sienta la necesidad de expresarse, en este supuesto prevalece la determinación del imputado. Claro está que no resulta recomendable que el imputado desestime las recomendaciones del defensor, se plasma este ejemplo únicamente para ilustrar que la decisión de declarar o no hacerlo es del imputado, y de nadie más.

Si el imputado decide rendir su declaración ante el juez de control, se deberán seguir los lineamientos establecidos para la declaración del acusado en juicio oral. Como el hecho de que pueda declarar de manera libre y espontánea, o bien únicamente guiado por las preguntas de su abogado defensor, igualmente decidirá si responde o no a las preguntas que en su caso desee formular el ministerio público, en el supuesto de que, en caso de allanarse a responder al ministerio público, puede decidir en cualquier momento finalizar con su declaración. Igualmente debe decantarse que el imputado nunca debe ser protestado de conducirse con verdad, de hecho tiene el derecho de rendir un dicho falaz ante la autoridad jurisdiccional, lo anterior con el objetivo de no auto incriminarse, desde luego esta peculiaridad no aplica para los testigos y peritos dentro de un proceso penal, ni aplica para la víctima o el ofendido, a quienes se les debe protestar de conducirse con verdad apercibidos de las penas en que incurren quienes se conducen con falsedad ante autoridad.

Lo explicado en párrafos anteriores, puede localizarse fundamentado en los arábigos 312, 49, 114 y 377 del CNPP:

> **Artículo 312. Oportunidad para declarar**
>
> Formulada la imputación, el Juez de control le preguntará al imputado si la entiende y si es su deseo contestar al cargo. En caso de que decida guardar silencio, éste no podrá ser utilizado en su contra. Si el imputado manifiesta su deseo de declarar, su declaración se rendirá conforme a lo dispuesto en este Código. Cuando se trate de varios imputados, sus declaraciones serán recibidas sucesivamente, evitando que se comuniquen entre sí antes de la recepción de todas ellas.
>
> **Artículo 49. Protesta**
>
> Dentro de cualquier audiencia y antes de que toda persona mayor de dieciocho años de edad inicie su declaración, **con excepción del imputado**, se le informará de las sanciones penales que la ley establece a los que se conducen con falsedad, se nieguen a declarar o a otorgar la protesta de ley; acto seguido se le tomará protesta de decir verdad.
>
> A quienes tengan entre doce años de edad y menos de dieciocho, se les informará que deben conducirse con verdad en sus manifestaciones ante el Órgano jurisdiccional, lo que se hará en presencia de la persona que ejerza la patria potestad o tutela y asistencia legal pública o privada, y se les explicará que, de conducirse con falsedad, incurrirán en una conducta tipificada como delito en la ley penal y se harán acreedores a una medida de conformidad con las disposiciones aplicables.

Artículo 114. Declaración del imputado

El imputado tendrá derecho a declarar durante cualquier etapa del procedimiento. En este caso, podrá hacerlo ante el Ministerio Público o ante el Órgano jurisdiccional, con pleno respeto a los derechos que lo amparan y en presencia de su Defensor.

En caso que el imputado manifieste a la Policía su deseo de declarar sobre los hechos que se investigan, ésta deberá comunicar dicha situación al Ministerio Público para que se reciban sus manifestaciones con las formalidades previstas en este Código.

Artículo 377. Declaración del acusado en juicio

El acusado podrá rendir su declaración en cualquier momento durante la audiencia. En tal caso, el juzgador que preside la audiencia le permitirá que lo haga libremente o conteste las preguntas de las partes. En este caso se podrán utilizar las declaraciones previas rendidas por el acusado, para apoyo de memoria, evidenciar o superar contradicciones. El Órgano jurisdiccional podrá formularle preguntas destinadas a aclarar su dicho.

El acusado podrá solicitar ser oído, con el fin de aclarar o complementar sus manifestaciones, siempre que preserve la disciplina en la audiencia.

En la declaración del acusado se seguirán, en lo conducente, las mismas reglas para el desarrollo del interrogatorio. El imputado deberá declarar con libertad de movimiento, sin el uso de instrumentos de seguridad, salvo cuando sea absolutamente indispensable para evitar su fuga o daños a otras personas.

En síntesis, de la declaración sobre la imputación se pueden resaltar los siguientes aspectos:

a. Se debe dar la oportunidad al imputado de rendirla inmediatamente después de la formulación de la imputación.

b. El imputado puede rendirla o abstenerse de hacerlo.

c. La declaración debe ser, inexorablemente verbal, si el imputado había declarado previamente durante la investigación inicial, esta diligencia solo servirá para apoyar a la memoria o evidenciar contradicciones.

d. El imputado no debe ser protestado de conducirse con verdad.

e. En caso de declarar, puede interrumpir su declaración por su propia voluntad en cualquier momento.

f. Puede declarar libremente o por preguntas formuladas por su defensor.

g. Puede decidir si responder a las preguntas que en su caso le desee formular el agente del ministerio público, o abstenerse de hacerlo. En caso de decidir responderle al ministerio público, el imputado puede cambiar de opinión en cualquier momento.

Inmediatamente después de terminada la declaración del imputado, o bien en cuanto manifieste su deseo de guardar silencio, el juez de control debe cuestionar a las partes sobre alguna diversa petición, siendo este el momento en el que el ministerio público solicita el uso de la palabra para exponer ante el juzgado de control la solicitud de vinculación a proceso.

2.8. VINCULACIÓN A PROCESO.

Definición. Es la fase de la audiencia inicial posterior a la formulación de la imputación y la oportunidad del imputado para rendir su declaración, misma que resulta igualmente presidida por el juez de control, y que tiene como finalidad que el agente del ministerio público exponga todos y cada uno de los antecedentes que integran la carpeta de investigación, es decir, los datos recolectados durante la investigación inicial, así como la oportunidad para que la defensa argumente o en su caso desahogue medios de descargo, con la finalidad de que el tribunal de referencia determine si existe un hecho que la ley señala como delito, la probabilidad de que el imputado lo cometió o participó en su comisión, y que no existan causas excluyentes de incriminación o de extinción de la pretensión punitiva.

Elementos de la definición:

a. **Momento procesal oportuno.** Es una fase de la audiencia inicial, que debe tener lugar inmediatamente después de que el imputado ha tenido oportunidad de rendir su declaración inicial, debiendo precisarse que lo relativo a que la defensa argumente o en su caso desahogue medios de descargo, puede tener lugar en ese mismo momento, setenta y dos horas, o ciento cuarenta y cuatro horas después de que el ministerio público haya formulado la imputación, o bien en los casos en que se haya puesto a disposición a persona detenida, será la puesta a disposición la hora de referencia. Según lo dispone el artículo 19 de la CPEUM y el arábigo 313 del CNPP.

b. **Autoridad que preside.** No debe soslayarse que desde el momento en comenzó la audiencia inicial, se formó una causa penal y el asunto se encuentra sometido a la autoridad del juzgado de control, por lo tanto un juez adscrito a este órgano jurisdiccional será el encargado de dirigir la audiencia y desde luego de tomar la decisión sobre la vinculación o no a proceso del imputado.

c. **Finalidad.** Determinar si de los antecedentes que se han recolectado dentro de la etapa de investigación inicial existe un hecho que la ley señala como delito, y la probabilidad de que el imputado lo haya cometido o participado en su comisión, lo anterior desde luego valorando los argumentos o medios de descargo que haya aportado la defensa. Asimismo el tribunal de manera oficiosa debe cerciorarse que no existan causas excluyentes de incriminación o de extinción de la acción penal, sin embargo el estándar probatorio para estos dos últimos tópicos es alto, en virtud de que para efectos de emitir un auto de no vinculación a proceso que iría sucedido por aun auto de sobreseimiento, el juez de control debe tener por acreditada la excluyente de incriminación o la causa de extinción de pretensión punitiva más allá de toda duda razonable. Verbigracia, si acredita que una persona fue privada de la vida, y que existe la probabilidad de que el imputado sea el responsable, y la teoría del caso del abogado defensor sea que su representado obró repeliendo una agresión real ilegítima actual e inminente, es decir, la legítima defensa, en caso de que el tribunal tenga dudas sobre la existencia de una agresión primigenia por parte del occiso, resulta viable la vinculación a proceso, con la finalidad de que en otro momento procesal, con mayores elementos, el abogado defensor pueda robustecer su teoría del caso.

El CNPP contempla en cuatro porciones normativas del arábigo 316, determina los requisitos para emitir un auto de vinculación a proceso:

Artículo 316. Requisitos para dictar el auto de vinculación a proceso

El Juez de control, a petición del agente del Ministerio Público, dictará el auto de vinculación del imputado a proceso, siempre que:

I. Se haya formulado la imputación;

II. Se haya otorgado al imputado la oportunidad para declarar;

III. De los antecedentes de la investigación expuestos por el Ministerio Público, se desprendan datos de prueba que establezcan que se ha cometido un hecho que la ley señala como delito y que exista la probabilidad de que el imputado lo cometió o participó en su comisión. Se entenderá que obran datos que establecen que se ha cometido un hecho que la ley señale como delito cuando existan indicios razonables que así permitan suponerlo, y

IV. Que no se actualice una causa de extinción de la acción penal o excluyente del delito.

El auto de vinculación a proceso deberá dictarse por el hecho o hechos que fueron motivo de la imputación, el Juez de control podrá otorgarles una clasificación jurídica distinta a la asignada por el Ministerio Público misma que deberá hacerse saber al imputado para los efectos de su defensa.

El proceso se seguirá forzosamente por el hecho o hechos delictivos señalados en el auto de vinculación a proceso. Si en la secuela de un proceso apareciere que se ha cometido un hecho delictivo distinto del que se persigue, deberá ser objeto de investigación separada, sin perjuicio de que después pueda decretarse la acumulación si fuere conducente.

2.8.1. Desarrollo de la vinculación a proceso.

Inmediatamente después de haberse formulado imputación y dado la oportunidad al imputado de rendir su declaración, el ministerio público elevará al juez de control su solicitud de vinculación a proceso, la cual consistirá en una exposición de los datos de prueba que se desprendan de sus registros de investigación y la respectiva argumentación de porque los mismos permiten establecer que se ha cometido un hecho que la ley señala como delito y la probabilidad de que el imputado lo cometió o participó en su comisión.

Una vez que el ministerio público ha dado a conocer al imputado las razones concretas de su pretensión, el juez de control cuestionará al imputado, debidamente asistido por su defensor, respecto al momento en que desea que se resuelva su situación jurídica, pudiendo el imputado decidir que sea en esa misma audiencia, o postergar la resolución de vinculación a proceso para poder ejercer su derecho de defensa de una mejor manera, para lo cual podrá acogerse a un plazo 72 o 144 horas, tiempo en el cual el imputado podrá preparar su defensa, así como buscar medios de prueba que estime pertinente desahogar en la audiencia. En caso de que el imputado postergue la resolución, el juez de control, fijará día y hora a fin de que tenga verificativo audiencia a la que denominará "con*tinuación de la audiencia inicial*".

Si el imputado renuncia a los plazos referidos en líneas superiores, y la resolución acerca de la vinculación a proceso se lleva a cabo el mismo día que la formulación de imputación y la declaración del imputado, entonces los pasos son los siguientes:

a. El juez de control verifica si la defensa tiene medios de prueba para desahogar, en caso de ser así, se inicia con los mismos, aplicando las normas de incorporación de pruebas en la etapa de juicio oral, en lo que respecta al desahogo de testimonios o peritajes – interrogatorio directo y contrainterrogatorios- prueba demostrativa, evidencia material, prueba documental y demás medios que la defensa desee introducir. Acto seguido la defensa – en ejercicio del principio de contradicción-, podrá argumentar por qué razones considera que no existen elementos suficientes para emitir un auto de vinculación a proceso.

b. En caso de ser solicitado, el juez de control puede conceder por segunda ocasión la palabra al ministerio público, únicamente para que se pronuncie sobre los argumentos recientemente vertidos por la defensa. Y con posterioridad, le puede conceder el uso de la palabra a la defensa por segunda ocasión para que se pronuncie sobre lo últimamente expuesto por el ministerio público. Claro está, que esta segunda ronda de debate puede o no ocurrir, dependiendo del interés de las partes de pronunciarse y si el tribunal lo estima pertinente.

c. Se cierra el debate, y el juzgado de control puede emitir en ese mismo momento su resolución sobre vinculación o no a proceso, o bien en caso de resultar un asunto de extrema complejidad, podrá tomar un breve receso que no podrá exceder de dos horas, para estructurar su determinación.

Ahora bien, si el imputado acepta adoptar el plazo de 72 horas o su dúplica para efectos de que su defensor y él mismo puedan estructurar de mejor manera su teoría del caso o para ofrecer medios de prueba, la continuación de audiencia inicial se desarrolla de la siguiente manera:

a. El imputado, luego de haber escuchado la exposición de datos de prueba y argumentos de la Fiscalía, solicita las 72 horas o su dúplica para que se resuelva sobre su vinculación o no a proceso, por lo que el juez de control señala día y hora dentro de los plazos en comento para que tenga verificativo la continuación de la audiencia inicial, es decir, la audiencia inicial entra en receso.

b. El juez de control, debe cuestionar al imputado si requiere auxilio del tribunal para garantizar la presencia de algún testigo o perito, lo que significa que en este supuesto, la defensa no solo puede ser argumentativa, sino que se le puede dar la oportunidad a la defensa para efecto de que desahogue prueba, que pueden ser testigos, peritos, documentos, cualquier otro medio novedoso, o bien, aquellos que interrogó el ministerio público desde la investigación inicial, pero en este supuesto, a petición de la defensa, los testimonios recabados durante la investigación inicial no serán expuestos por el ministerio público como intermediario, sino que la defensa deberá precisar cuáles testigos o peritos específicamente deben ser citados para que el juez de control escuche de viva voz su relatoría, y sean interrogados tanto por la defensa como por el ministerio público. Debe hacerse hincapié en que esta decisión le asiste única y exclusivamente a la defensa, ya que si no es su deseo desahogar prueba, no se encuentra obligada a hacerlo por el solo hecho de haber solicitado el término de 72 o 144 horas. Como se ha puntualizado, la defensa puede solicitar el auxilio del tribunal para hacer comparecer coactivamente a testigos o peritos hostiles, o bien puede prescindir de este apoyo, en el entendido de que en caso que los órganos de prueba se reúsen a comparecer, se le tendrá por desierto el derecho de desahogo en ese momento procesal. Igualmente debe precisarse, que la defensa puede solicitar en esa misma audiencia inicial el nombre y domicilio de los órganos de prueba que desea sean citados por el tribunal, o bien durante el receso de las 72 o 144 horas lo puede solicitar por escrito al juez de control, siempre que la solicitud se realice 48 horas antes de la fase de vinculación a proceso, lo anterior con la finalidad de que el tribunal se encuentre en aptitud de dar despacho a la solicitud, girar los oficios correspondientes y solicitar el apoyo policial. Si la defensa realizara la solicitud por escrito con menos de 48 horas de anticipación a la vinculación a proceso, solo significa que el juzgado de control no se encuentra obligado a realizar la citación judicial, pero aún podrá presentar la defensa sus atestes por sus propios medios en la audiencia de referencia.

c. Reanudada la audiencia inicial, el juzgado de control verifica si la defensa tiene medios para desahogar, y en su caso se inicia con los mismos, aplicando las normas de incorporación de pruebas en la etapa de juicio oral, en lo que respecta al desahogo de testimonios o peritajes – interrogatorio directo y contrainterrogatorios- prueba demostrativa, evidencia material, prueba documental y demás medios que la defensa desee introducir.

d. Desahogados los medios probatorios de la defensa, o manifestado que no es deseo realizar desahogo la defensa – en ejercicio del principio de contradicción-, podrá argumentar por qué razones considera que no existen elementos suficientes para emitir un auto de vinculación a proceso.

e. En caso de ser solicitado, el juez de control puede conceder por segunda ocasión la palabra al ministerio público, únicamente para que se pronuncie sobre los argumentos recientemente vertidos por la defensa. Y con posterioridad, le puede conceder el uso de la palabra a la defensa por segunda ocasión para que se pronuncie sobre lo últimamente expuesto por el ministerio público. Claro está, que esta segunda ronda de debate puede o no ocurrir, dependiendo del interés de las partes de pronunciarse y si el tribunal lo estima pertinente.

f. Se cierra el debate, y el juzgado de control puede emitir en ese mismo momento su resolución sobre vinculación o no a proceso, o en caso de resultar un asunto complejo, podrá tomar un receso que no excederá de dos horas.

Los pasos anteriormente expuestos, encuentran sustento en la jurisprudencia de la primera sala, con número de registro 2015704, de fecha diciembre de 2017, la cual a la letra señala:

> ***VINCULACIÓN A PROCESO. MOMENTO EN EL CUAL EL MINISTERIO PÚBLICO DEBE SOLICITARLA (CÓDIGO NACIONAL DE PROCEDIMIENTOS PENALES Y CÓDIGO DE PROCEDIMIENTOS PENALES DEL ESTADO DE MORELOS ABROGADO).***
>
> *De la lectura de los artículos* ***309 y 313 del Código Nacional de Procedimientos Penales*** *-de contenido similar a los numerales* ***280 y 281 del Código de Procedimientos Penales del Estado de Morelos*** *abrogado-, deriva una duda legítima relativa a si la solicitud de vinculación a proceso debe formularla el Ministerio Público antes de que el imputado decida si se acoge o no al lapso de 72 horas para que se resuelva sobre su situación jurídica -o a su ampliación-, o si puede hacerse posteriormente, incluso, en la continuación de la audiencia inicial, una vez*

que hubieran sido recibidos los medios de convicción presentados por la defensa. Ahora bien, para resolver dicha duda, debe partirse de las premisas siguientes: 1) la vinculación a proceso debe pedirse después de formularse la imputación y de que el imputado tuvo oportunidad de contestar el cargo; y, 2) el plazo de 72 horas como límite para la detención ante autoridad judicial, establecido por el artículo ***19 de la Constitución Política de los Estados Unidos Mexicanos****, constituye un derecho fundamental, cuya ampliación procede sólo cuando el propio imputado lo solicita, lo cual implica que esa extensión temporal opere a su favor y nunca en su contra. Así, dichas proposiciones constituyen la pauta interpretativa que permite considerar, por un lado, que la imputación y la solicitud de vinculación a proceso son actuaciones distintas y, por otro, que la decisión del imputado de postergar la resolución sobre la vinculación o no a proceso no puede operar en su detrimento, pues su finalidad es que tenga más tiempo para ejercer su defensa, tan es así, que el artículo* ***314 del Código Nacional*** *establece la posibilidad, sólo para el imputado y no para el Ministerio Público, de incorporar durante ese lapso los medios de convicción que estime convenientes. Por lo anterior, esta Primera Sala de la Suprema Corte de Justicia de la Nación considera que el Ministerio Público, de estimarlo procedente, debe solicitar la vinculación a proceso después de formulada la imputación y de que el imputado haya tenido oportunidad de contestar el cargo, pero previamente a que el justiciable decida si se acoge o no al plazo a que alude el artículo 19 constitucional -o a su ampliación- para que se resuelva sobre su situación jurídica, pues sólo así la elección de postergar la resolución judicial respectiva tendrá como base el previo conocimiento de las razones específicas por las cuales los datos de prueba recabados durante la investigación informal justificarían dicho acto de molestia, permitiendo al imputado y a su defensor, como resultado de un acto informado, presentar en la continuación de la audiencia inicial los medios de prueba que consideren podrían desvirtuar la postura ministerial. En efecto, si el imputado o su defensor elige posponer la indicada resolución en aras del derecho de defensa, es lógico que esa decisión debe partir del conocimiento previo de las razones concretas por las cuales el representante social estima que los datos de prueba contenidos en la carpeta de investigación acreditan la existencia del hecho materia de la imputación y la probabilidad de que el imputado lo cometió o participó en su comisión,* *pues sólo así estará en condiciones de ofrecer los medios de convicción idóneos para desvirtuar la imputación; es más, de no seguirse ese orden, el Juez podría tener dificultades para calificar la pertinencia de los datos de prueba que la defensa pretende incorporar.*

[...]

El anterior criterio enuncia un orden de actuaciones que garantiza de una mejor manera el derecho de defensa del imputado, pues primero le permite tener conocimiento del alcance de la indagatoria sostenida en su contra, al escuchar datos de prueba y argumentos, y con ello tomar una decisión más responsable respecto al momento en que desea se resuelva acerca de su situación jurídica, por si llegara a considerar necesario acogerse al plazo de las setenta y dos o ciento cuarenta y cuatro horas, para preparar de forma más efectiva la parte fáctica, jurídica y probatoria de su teoría del caso.

Esta cronología vino a suplir la interpretación literal del texto que se encuentra plasmado en los dispositivos 313, 314 y 315 del CNPP:

Artículo 313. Oportunidad para resolver la solicitud de vinculación a proceso

Después de que el imputado haya emitido su declaración, o manifestado su deseo de no hacerlo, el agente del Ministerio Público solicitará al Juez de control la oportunidad para discutir medidas cautelares, en su caso, y posteriormente solicitar la vinculación a proceso. Antes de escuchar al agente del Ministerio Público, el Juez de control se dirigirá al imputado y le explicará los momentos en los cuales puede resolverse la solicitud que desea plantear el Ministerio Público.

El Juez de control cuestionará al imputado si desea que se resuelva sobre su vinculación a proceso en esa audiencia dentro del plazo de setenta y dos horas o si solicita la ampliación de dicho plazo. **En caso de que el imputado no se acoja al plazo constitucional ni solicite la duplicidad del mismo, el Ministe-**

rio Público deberá solicitar y motivar la vinculación del imputado a proceso, exponiendo en la misma audiencia los datos de prueba con los que considera que se establece un hecho que la ley señale como delito y la probabilidad de que el imputado lo cometió o participó en su comisión. El Juez de control otorgará la oportunidad a la defensa para que conteste la solicitud y si considera necesario permitirá la réplica y contrarréplica. Hecho lo anterior, resolverá la situación jurídica del imputado.

Si el imputado manifestó su deseo de que se resuelva sobre su vinculación a proceso dentro del plazo de setenta y dos horas o solicita la ampliación de dicho plazo, el Juez deberá señalar fecha para la celebración de la audiencia de vinculación a proceso dentro de dicho plazo o su prórroga.

La audiencia de vinculación a proceso deberá celebrarse, según sea el caso, dentro de las setenta y dos o ciento cuarenta y cuatro horas siguientes a que el imputado detenido fue puesto a su disposición o que el imputado compareció a la audiencia de formulación de la imputación.

El Juez de control deberá informar a la autoridad responsable del establecimiento en el que se encuentre internado el imputado si al resolverse su situación jurídica además se le impuso como medida cautelar la prisión preventiva o si se solicita la duplicidad del plazo constitucional. Si transcurrido el plazo constitucional el Juez de control no informa a la autoridad responsable, ésta deberá llamar su atención sobre dicho particular en el acto mismo de concluir el plazo y, si no recibe la constancia mencionada dentro de las tres horas siguientes, deberá poner al imputado en libertad.

Artículo 314. Incorporación de medios de prueba en el plazo constitucional o su ampliación

El imputado o su Defensor podrán, durante el plazo constitucional o su ampliación, presentar los datos de prueba que consideren necesarios ante el Juez de control.

Exclusivamente en el caso de delitos que ameriten la imposición de la medida cautelar de prisión preventiva oficiosa u otra personal, de conformidad con lo previsto en este Código, el Juez de control podrá admitir el desahogo de medios de prueba ofrecidos por el imputado o su Defensor, cuando, al inicio de la audiencia o su continuación, justifiquen que ello resulta pertinente.

Además de la variación ya explicada en cuanto al orden de la parte de la audiencia inicial en la que se resuelve acerca de la vinculación a proceso del imputado, por nuestra parte consideramos poco afortunada la redacción del numeral antes citado, en el sentido de que parece condicionar el desahogo de pruebas para resolver el fondo de la vinculación a proceso, al hecho de que pueda imponerse "la prisión preventiva oficiosa, o otra medida cautelar personal", por lo que, a nuestro criterio, no debe relacionarse el desahogo de pruebas para resolver el fondo de la vinculación a proceso, a las medidas cautelares, que son determinaciones accesorias.

Artículo 315. Continuación de la audiencia inicial

La continuación de la audiencia inicial comenzará con la presentación de los datos de prueba aportados por las partes o, en su caso, con el desahogo de los medios de prueba que hubiese ofrecido y justificado el imputado o su defensor en términos del artículo 314 de este Código. Para tal efecto, se seguirán en lo conducente las reglas previstas para el desahogo de pruebas en la audiencia de debate de juicio oral. Desahogada la prueba, si la hubo, se le concederá la palabra en primer término al Ministerio Público, al asesor jurídico de la víctima y luego al imputado. Agotado el debate, el Juez resolverá sobre la vinculación o no del imputado a proceso.

En casos de extrema complejidad, el Juez de control podrá decretar un receso que no podrá exceder de dos horas, antes de resolver sobre la situación jurídica del imputado.

2.8.2. Contenido del auto de vinculación a proceso y efectos.

El artículo 317 del CNPP, contempla en tres porciones normativas, la estructura de auto de vinculación a proceso:

I. Los datos personales del imputado;

II. Los fundamentos y motivos por los cuales se estiman satisfechos los requisitos mencionados en el artículo 316.

III. El lugar, tiempo y circunstancias de ejecución del hecho que se imputa.

En cuanto a los efectos del auto de vinculación a proceso, estos consisten en "establecer el hecho o los hechos delictivos sobre los que se continuará el proceso o se determinarán las formas anticipadas de terminación del proceso, la apertura a juicio o el sobreseimiento"[25], desde luego otros de los efectos consisten en dejar firmes las medidas cautelares que se hubiesen impuesto antes de la dilación constitucional o si no se requirió el plazo de 72 horas o su duplicidad la imposición de las mismas, y dar pie a la continuación de la secuela procesal con el señalamiento y transcurso del plazo para el cierre de la investigación complementaria.

No debe soslayarse que el artículo 320 del CNPP, establece que los antecedentes de la investigación y elementos de convicción desahogados y aportados en la audiencia de vinculación a proceso, que sirvan como base para el dictado del auto de vinculación a proceso y de las medidas cautelares, carecen de valor probatorio para fundar la sentencia, salvo las excepciones expresas previstas por la misma codificación instrumental.

---

[25] Artículo 318 del CNPP.

2.8.3. Auto de no vinculación a proceso.

Existen diversos supuestos que pueden propiciar un auto de no vinculación a proceso, ya sea ya insuficiencia de caudal probatorio que colme los requisitos del artículo 316 del CNPP, o bien la existencia de caudal probatorio que acredite más allá de toda duda razonable, alguna excluyente de incriminación o de extinción de la acción penal.

Resulta de importancia distinguir estas dos aristas, en virtud de que la insuficiencia de antecedentes expuestos en la vinculación a proceso encaminados para acreditar el hecho delictivo y la probable responsabilidad, implica que la no vinculación a proceso retrotraerá las cosas al estado en el que se encontraban durante la investigación inicial, con la posibilidad de que el ministerio público recolecte mayores datos con la finalidad de ejercitar de nueva cuenta la acción penal, volver a formular imputación con nuevos datos, así como una nueva oportunidad para el imputado de declarar, y desde luego la fase de vinculación con estos nuevos elementos. Esta posibilidad no violenta el principio procesal conocido como 'non bis in ídem', en virtud de que para encontrarnos en presencia de una cosa juzgada se requiere una sentencia definitiva que haya causado ejecutoria, o un sobreseimiento que haya causado estado. Por lo tanto la no vinculación a proceso en este supuesto, no imposibilita al ministerio público para seguir investigando y a la postre volver a ejercitar la pretensión punitiva[26], tal y como lo dispone el artículo 319 del CNPP:

---

26 Desde luego, esta nueva hipótesis se encuentra sujeta a resultas de que el ministerio público encuentre nuevos datos, ya que, en caso contrario, el asunto pudiera desembocar en un archivo temporal o un futuro auto de no ejercicio de la acción penal por no haber aparecido tales nuevos elementos.

Artículo 319. Auto de no vinculación a proceso

En caso de que no se reúna alguno de los requisitos previstos en este Código, el Juez de control dictará un auto de no vinculación del imputado a proceso y, en su caso, ordenará la libertad inmediata del imputado, para lo cual revocará las providencias precautorias y las medidas cautelares anticipadas que se hubiesen decretado.

El auto de no vinculación a proceso no impide que el Ministerio Público continúe con la investigación y posteriormente formule nueva imputación, salvo que en el mismo se decrete el sobreseimiento.

Si el auto de no vinculación a proceso, se hace acompañar de una resolución de sobreseimiento, verbigracia por que el juez de control consideró actualizada más allá de toda duda razonable una causa excluyente del delito, entonces en automático el ministerio público no puede seguir investigando, y el asunto no se retrotrae a la etapa de investigación inicial. En este supuesto, la única solución para el ministerio público sería la apelación contra el sobreseimiento que descansó en la no vinculación a proceso.

2.9. LAS MEDIDAS CAUTELARES.

Definición. Son determinaciones emitidas por el juzgado de control o en su momento procesal por el tribunal de enjuiciamiento, en algunos casos de manera oficiosa, y en otros a petición del ministerio público, víctima, ofendido o asesor jurídico, que tienen como finalidad evitar la sustracción del imputado a la acción de la justicia, garantizando su presencia, así como la seguridad de la víctima, ofendido, o testigos del delito, y evitar la obstaculización misma del proceso, teniendo estas determinaciones un carácter de proporcionales, provisionales, accesorias y modificables.

Los elementos a decantar de la definición ofrecida con antelación son los siguientes:

a. **Son determinaciones de naturaleza jurisdiccional.**[27] Si bien es cierto, que el agente del ministerio público, cuando no se trate de prisión preventiva oficiosa, debe solicitar las medidas cautelares y argumentar al juzgado de control o tribunal de enjuiciamiento la necesidad de las mismas, también lo es que precisamente una autoridad de naturaleza judicial es aquella que se encargará de imponer de manera fundada y motivada la medida cautelar que considere proporcional al caso concreto. De lo anterior se desprende que existen casos concretos en los que el legislador considera que el riesgo de sustracción a la acción de la justicia se encuentra preestablecido derivado de la gravedad del delito por el cual se ha formulado imputación o en su caso vinculado a proceso, por lo que para algunos delitos en particular se ha predeterminado la prisión preventiva de manera oficiosa, como se desprende de los supuestos a los que se refiere la propia CPEUM en su artículo 19 segundo párrafo que establece: *"El Mi-*

---

27 El artículo 67 fracción V del CNPP, robustece la inexorable naturaleza jurisdiccional de las medidas cautelares, así como el artículo 157 del mismo cuerpo normativo, que determina: "Las solicitudes de medidas cautelares serán resueltas por el Juez de control, en audiencia y con presencia de las partes. El Juez de control podrá imponer una de las medidas cautelares previstas en este Código, o combinar varias de ellas según resulte adecuado al caso, o imponer una diversa a la solicitada siempre que no sea más grave. Sólo el Ministerio Público podrá solicitar la prisión preventiva, la cual no podrá combinarse con otras medidas cautelares previstas en este Código, salvo el embargo precautorio o la inmovilización de cuentas y demás valores que se encuentren en el sistema financiero. En ningún caso el Juez de control está autorizado a aplicar medidas cautelares sin tomar en cuenta el objeto o la finalidad de las mismas ni a aplicar medidas más graves que las previstas en el presente Código."

nisterio Público sólo podrá solicitar al juez la prisión preventiva cuando otras medidas cautelares no sean suficientes para garantizar la comparecencia del imputado en el juicio, el desarrollo de la investigación, la protección de la víctima, de los testigos o de la comunidad, así como cuando el imputado esté siendo procesado o haya sido sentenciado previamente por la comisión de un delito doloso. El juez ordenará la prisión preventiva, oficiosamente, en los casos de delincuencia organizada, homicidio doloso, violación, secuestro, trata de personas, delitos cometidos con medios violentos como armas y explosivos, así como delitos graves que determine la ley en contra de la seguridad de la nación, el libre desarrollo de la personalidad y de la salud. ", igualmente en el artículo 167 del CNPP se determina el catálogo de delitos tanto del fuero común como del orden federal ameritan prisión preventiva de manera oficiosa, hipótesis a las que se hará referencia con posterioridad.

b. **Finalidad.** El objetivo de las medidas cautelares es garantizar la debida secuela procesal (no obstaculización), tratando de asegurar la presencia del imputado en las audiencias, evitando la sustracción del mismo a la acción de la justicia, y los riesgos que su libertad pudiera representar para la víctima, el ofendido, los testigos del delito y en general para la sociedad.

c. **Carácter accesorio, provisional, modificable y proporcional.** Las medidas cautelares son determinaciones de naturaleza jurisdiccional que en encuentran única y exclusivamente al servicio del proceso principal, además de que no se encargan de determinar si el imputado es responsable del delito o inocente, ya que esa es la finalidad del proceso central. En la resolución que imponga una medida cautelar, el órgano jurisdiccional debe de analizar el riesgo de evasión a la acción de la justicia que represente el imputado, verbigracia una persona a la que se atribuye un delito de fraude por la suma de $25,000.00 (VEINTICINCO MIL PESOS 00/100 M.N.), de nacionalidad mexicana, sin pasaporte ni visa extranjera, casado desde hace 8 años, tres hijos menores de edad inscritos con regularidad en sus escuelas,10 años de antigüedad en su trabajo, un inmueble y dos vehículos a su nombre, reflejaría pocas probabilidades de fuga al menos por un delito de tan bajo impacto como el mencionado. Por su parte si se analiza el mismo delito pero desde un perfil diferente, como por ejemplo un sujeto con doble nacionalidad, que se encontraba de paso en la entidad federativa en la que se le atribuye haber cometido el delito de fraude, desempleado, soltero, sin hijos, sin bienes a su nombre en el distrito judicial donde será juzgado, habitando temporalmente en un departamento arrendado, y con antecedentes penales, reflejaría mayor probabilidad de fuga que el primero de los sujetos mencionados (inocente o no). Esta es precisamente la tarea de la autoridad judicial, recibir los elementos que le permitan decidir cuál medida cautelar es proporcional atendiendo a la naturaleza del delito cometido y al perfil del imputado, sin prejuzgar sobre su condena o absolución, ya que debemos respetar el principio de presunción de inocencia, pero no debemos ignorar que el imputado puede tratarse de un inocente con amplias probabilidades de sustracción a la acción de la justicia, un inocente que pudiera decidir alejarse del lugar del proceso para evitar las molestias del mismo, es por esta razón que las medidas cautelares solamente son accesorias y no prejuzgan el fondo del asunto. Igualmente las medidas cautelares son temporales, ya que solamente permanecen impuestas lo que el proceso mismo, pudiendo ser modificables si varían las circunstancias que motivaron su imposición.

Debemos hacer hincapié en que las medidas cautelares deben ser proporcionales y excepcionales.

La proporcionalidad implica que debe analizarse en concreto la naturaleza y modalidades del delito por el cual se ha formulado la imputación o vinculado a proceso, así como el perfil específico del imputado para efecto de determinar cuál de las medidas cautelares existentes en la codificación instrumental penal es la idónea para evitar la sustracción del imputado a la acción de la justicia.

Artículo 156. Proporcionalidad

El Juez de control, al imponer una o varias de las medidas cautelares previstas en este Código, deberá tomar en consideración los argumentos que las partes ofrezcan o la justificación que el Ministerio Público realice, aplicando el criterio de mínima intervención según las circunstancias particulares de cada persona, en términos de lo dispuesto en el artículo 19 de la Constitución.

Para determinar la idoneidad y proporcionalidad de la medida, se podrá tomar en consideración el análisis de evaluación de riesgo realizado por personal especializado en la materia, de manera objetiva, imparcial y neutral en términos de la legislación aplicable.

En la resolución respectiva, el Juez de control deberá justificar las razones por las que la medida cautelar impuesta es la que resulta menos lesiva para el imputado.

La excepcionalidad radica, en que el imputado por regla general debiera enfrentar el proceso penal en libertad, y que solamente tratándose de delitos de alto impacto, o cuando el perfil específico del mismo revele riesgo para la sociedad o peligro de evasión deberá de imponerse alguna de las medidas previstas, siempre fundada, motivadamente y desde luego con derecho de apelación sobre el auto que las imponga.

Los artículos 19 y 62 del CNPP, se pronuncian sobre la excepcionalidad y modificabilidad, respectivamente de la prisión preventiva y de las medidas cautelares en general:

Artículo 19. Derecho al respeto a la libertad personal

Toda persona tiene derecho a que se respete su libertad personal, por lo que nadie podrá ser privado de la misma, sino en virtud de mandamiento dictado por la autoridad judicial o de conformidad con las demás causas y condiciones que autorizan la Constitución y este Código.

La autoridad judicial sólo podrá autorizar como medidas cautelares, o providencias precautorias restrictivas de la libertad, las que estén establecidas en este Código y en las leyes especiales. La prisión preventiva será de carácter excepcional y su aplicación se regirá en los términos previstos en este Código.

Artículo 62. Asistencia del imputado a las audiencias

Si el imputado se encuentra privado de su libertad, el Órgano jurisdiccional determinará las medidas especiales de seguridad o los mecanismos necesarios para garantizar el adecuado desarrollo de la audiencia: impedir la fuga o la realización de actos de violencia de parte del imputado o en su contra.

Si la persona está en libertad, asistirá a la audiencia el día y hora en que se determine; en caso de no presentarse, el Órgano jurisdiccional podrá imponerle un medio de apremio y en su caso, previa solicitud del Ministerio Público, ordenar su comparecencia.

Cuando el imputado haya sido vinculado a proceso, se encuentre en libertad, deje de asistir a una audiencia, el Ministerio Público solicitará al Órgano jurisdiccional la imposición de una medida cautelar o la modificación de la ya impuesta.

En cuanto a la legitimación para solicitar una medida cautelar, cuando esta no es oficiosa, podemos invocar los artículos 109, 113, y 131 del CNPP, que establecen que el tanto el ministerio público como la víctima u ofendido, y por extensión el asesor jurídico de la misma, pueden realizar una solicitud al juzgado de control o de enjuiciamiento, y desde luego tanto el imputado como la defensa, en cualquier momento procesal pueden solicitar su modificación, siempre que hayan variado las circunstancias que motivaron su imposición:

Artículo 109. Derechos de la víctima u ofendido

En los procedimientos previstos en este Código, la víctima u ofendido tendrán los siguientes derechos: ..... **XIX.** A solicitar medidas de protección, providencias precautorias y medidas cautelares;

Artículo 113. Derechos del imputado

El imputado tendrá los siguientes derechos: ..... **VII.** A solicitar ante la autoridad judicial la modificación de la medida cautelar que se le haya impuesto, en los casos en que se encuentre en prisión preventiva, en los supuestos señalados por este Código;

Artículo 131. Obligaciones del Ministerio Público

Para los efectos del presente Código, el Ministerio Público tendrá las siguientes obligaciones: ..... **XIX.** Solicitar las medidas cautelares aplicables al imputado en el proceso, en atención a las disposiciones conducentes y promover su cumplimiento;

2.9.1. Momento procesal oportuno para la imposición de medidas cautelares.

Hemos señalado que las medidas cautelares habrán de ser impuestas por medio de una resolución de naturaleza jurisdiccional, y que son provisionales toda vez que se individualizan por el tiempo indispensable para asegurar la presencia del imputado en el proceso, garantizar la seguridad de la víctima u ofendido o de los órganos de prueba así como o evitar la obstaculización procesal[28], ahora es el momento de especificar el momento procesal a partir del cual se pueden solicitar e imponer las medidas cautelares.

---

[28] Artículo 153 del CNPP.

Para tal efecto, debemos de mencionar que una vez que se haya formulado la imputación y consecuentemente se le haya dado la oportunidad de declarar al imputado, tanto el ministerio público, como la víctima u ofendido y el asesor jurídico en su caso pueden realizar la petición al juez de control, siempre y cuando el imputado haya solicitado las 72 horas o su dúplica para efecto de que se resuelva sobre la vinculación o no a proceso. En este supuesto, se permite solicitar e imponer medidas cautelares, desde este momento procesal con la finalidad de garantizar la presencia del imputado a la continuación de la audiencia inicial, en la que se resolverá su situación jurídica. Por lo tanto, en la primera hipótesis, la respuesta radica en que se pueden solicitar medidas cautelares después de haber formulado la imputación, haber dado a oportunidad al procesado de rendir su declaración, y una vez que haya solicitado la dilación constitucional.

Ahora bien, en el supuesto de que en la misma audiencia inicial, luego de la formulación de imputación y declaración del imputado, este último renuncie al plazo de 72 o 144 horas para que se resuelva su situación jurídica, por obviedad de razones, no es necesario solicitar en este mismo momento las medidas cautelares, lo que significa que en caso de renuncia a la dilación constitucional, habremos de esperar a que se resuelva sobre la vinculación a proceso del imputado, y en caso afirmativo, entonces ya será viable solicitar las medidas cautelares. Si se realizara de otra manera, es decir, que el imputado renunciara a la dilación constitucional, luego se debatiera sobre las medidas cautelares, y de manera inmediata se procediera a debatir sobre la vinculación o no a proceso, en el caso de que se emitiera un auto de no vinculación a proceso, se tendrían que levantar las medidas cautelares, que apenas hace unos momentos se hubiesen impuesto, lo que atenta contra el principio de economía procesal.

El artículo 154 del CNPP, fundamenta el momento procesal oportuno, para la imposición de medidas cautelares:

Artículo 154. Procedencia de medidas cautelares

El Juez podrá imponer medidas cautelares a petición del Ministerio Público o de la víctima u ofendido, en los casos previstos por este Código, cuando ocurran las circunstancias siguientes:

I. Formulada la imputación, el propio imputado se acoja al término constitucional, ya sea éste de una duración de setenta y dos horas o de ciento cuarenta y cuatro, según sea el caso, o

II. Se haya vinculado a proceso al imputado.

En caso de que el **Ministerio Público, la víctima, el asesor jurídico, u ofendido,** soliciten una medida cautelar durante el plazo constitucional, dicha cuestión deberá resolverse inmediatamente después de formulada la imputación. Para tal efecto, las partes podrán ofrecer aquellos medios de prueba pertinentes para analizar la procedencia de la medida solicitada, siempre y cuando la misma sea susceptible de ser desahogada en las siguientes veinticuatro horas.

En cuanto a la dinámica sobre la imposición de las medidas cautelares, antes de emitirse la resolución judicial, evidentemente se debe respetar el principio de contradicción, tal y como lo establece el artículo 158 del CNPP:

Artículo 158. Debate de medidas cautelares

Formulada la imputación, en su caso, o dictado el auto de vinculación a proceso a solicitud del Ministerio Público, de la víctima o de la defensa, se discutirá lo relativo a la necesidad de imposición o modificación de medidas cautelares.

Luego de haber escuchado a las partes, el tribunal deberá emitir un auto que reúna los requisitos establecidos en el arábigo 159 del CNPP:

Artículo 159. Contenido de la resolución

La resolución que establezca una medida cautelar deberá contener al menos lo siguiente:

I. La imposición de la medida cautelar y la justificación que motivó el establecimiento de la misma;

II. Los lineamientos para la aplicación de la medida, y

III. La vigencia de la medida.

Se ha mencionado en párrafos anteriores, la revocabilidad o mutabilidad de las medidas cautelares, lo que se traduce en que en el supuesto de variación de las condiciones que motivaron su imposición, el tribunal puede a solicitud de parte, entrar de nueva cuenta al estudio de nuevas circunstancias, y en su caso aplicar una medida diversa, esto puede resultar en favor o en contra del imputado, ya que la medida pudiera variar tanto a una más laxa, como a una más grave, a esto se refieren los artículos 161, 162, 163 y 164 del CNPP:

Artículo 161. Revisión de la medida

Cuando hayan variado de manera objetiva las condiciones que justificaron la imposición de una medida cautelar, las partes podrán solicitar al Órgano jurisdiccional, la revocación, sustitución o modificación de la misma, para lo cual el Órgano jurisdiccional citará a todos los intervinientes a una audiencia con el fin de abrir debate sobre la subsistencia de las condiciones o circunstancias que se tomaron en cuenta para imponer la medida y la necesidad, en su caso, de mantenerla y resolver en consecuencia.

Artículo 162. Audiencia de revisión de las medidas cautelares

De no ser desechada de plano la solicitud de revisión, la audiencia se llevará a cabo dentro de las cuarenta y ocho horas siguientes contadas a partir de la presentación de la solicitud.

Artículo 163. Medios de prueba para la imposición y revisión de la medida

Las partes pueden invocar datos u ofrecer medios de prueba para que se imponga, confirme, modifique o revoque, según el caso, la medida cautelar.

Artículo 164. Evaluación y supervisión de medidas cautelares

La evaluación y supervisión de medidas cautelares distintas a la prisión preventiva corresponderá a la autoridad de supervisión de medidas cautelares y de la suspensión condicional del proceso que se regirá por los principios de neutralidad, objetividad, imparcialidad y confidencialidad.

La información que se recabe con motivo de la evaluación de riesgo no puede ser usada para la investigación del delito y no podrá ser proporcionada al Ministerio Público. Lo anterior, salvo que se trate de un delito que está en curso o sea inminente su comisión, y peligre la integridad personal o la vida de una persona, el entrevistador quedará relevado del deber de confidencialidad y podrá darlo a conocer a los agentes encargados de la persecución penal.

Para decidir sobre la necesidad de la imposición o revisión de las medidas cautelares, la autoridad de supervisión de medidas cautelares y de la suspensión condicional del proceso proporcionará a las partes la información necesaria para ello, de modo que puedan hacer la solicitud correspondiente al Órgano jurisdiccional.

Para tal efecto, la autoridad de supervisión de medidas cautelares y de la suspensión condicional del proceso, tendrá acceso a los sistemas y bases de datos del Sistema Nacional de Información y demás de carácter público, y contará con una base de datos para dar seguimiento al cumplimiento de las medidas cautelares distintas a la prisión preventiva.

Las partes podrán obtener la información disponible de la autoridad competente cuando así lo solicite, previo a la audiencia para debatir la solicitud de medida cautelar.

> La supervisión de la prisión preventiva quedará a cargo de la autoridad penitenciaria en los términos de la ley de la materia.

2.9.2. Catálogo de medidas cautelares.

Se han analizado las reglas generales sobre las medidas cautelares, el momento procesal oportuno para su solicitud e imposición, así como la dinámica de la audiencia en la que imponen, ahora es tiempo de explicar cuáles son las distintas medidas que pueden ser solicitadas y en su caso impuestas dentro de un proceso penal. El artículo 155 del CNPP establece un catálogo de determinaciones cautelares, fuera de las cuales, ninguna de las partes puede solicitar alguna diversa o un juez imponerlas, y las podemos explicar de la siguiente forma:

I. ***La presentación periódica ante el juez o ante autoridad distinta que aquél designe.*** Esta medida cautelar consiste en que el tribunal determinará, con que regularidad deberá acudir el imputado ante la autoridad de supervisión de medidas cautelares, para plasmar una firma o cualquier huella o signo que acredite su comparecencia ante la misma. El tribunal puede ordenar que la presentación sea cada semana, cada quincena, cada mes, o en general, cada lapso que el juez considere conveniente para efecto de monitorear adecuadamente la permanencia del imputado en el distrito judicial donde se encuentra siendo procesado. En caso de inasistencia sin causa justificada, la autoridad de supervisión de medidas cautelares debe notificarlo tanto al ministerio público como al tribunal, para que en su caso se lleve a cabo una audiencia para la revisión de medidas cautelares.

II. ***La exhibición de una garantía económica.*** En este caso, el tribunal analizando la capacidad económica del imputado, la naturaleza del delito y en su caso la eventual suma correspondiente a la reparación del daño, puede establecer una suma de dinero, depositable en los módulos recaudatorios del distrito judicial donde se encuentre procesado el imputado, así como el otorgamiento de prenda, hipoteca, fideicomiso o intervención de afianzadoras. En el entendido de que en caso de absolución, la garantía deberá ser restituida,[29] o en caso de sustracción o condena se podrá hacer efectiva la misma. Para el depósito de la garantía económica, se puede señalar un plazo, a consideración del tribunal, con la finalidad de permitirle al imputado reunir la suma correspondiente, esto significa que el imputado no necesariamente obtiene su libertad contra el depósito inmediato de la suma requerida. Desde luego que en caso de trascurrir el plazo señalado sin que se haya depositado la garantía, se podrá convocar a una audiencia para la revisión de medidas cautelares, y se podrá aplicar una más grave, en el entendido de que si el imputado no comparece a la audiencia de revisión de medidas cautelares, se podrá declarar sustraído a la acción de la justicia y librar una orden de aprehensión en su contra.

Por su parte, los artículos 172 y 173 del CNPP, desarrollan los criterios de imposición de la garantía económica:

Artículo 172. Presentación de la garantía

Al decidir sobre la medida cautelar consistente en garantía económica, el Juez de control previamente tomará en consideración la idoneidad de la medida solicitada por el Ministerio Público. Para resolver sobre dicho monto, el Juez de control

---

29 Artículo 175. Cancelación de la garantía
La garantía se cancelará y se devolverán los bienes afectados por ella, cuando:
I. Se revoque la decisión que la decreta;
II. Se dicte el sobreseimiento o la sentencia absolutoria, o
III. El imputado se someta a la ejecución de la pena o la garantía no deba ejecutarse.

deberá tomar en cuenta el peligro de sustracción del imputado a juicio, el peligro de obstaculización del desarrollo de la investigación y el riesgo para la víctima u ofendido, para los testigos o para la comunidad. Adicionalmente deberá considerar las características del imputado, su capacidad económica, la posibilidad de cumplimiento de las obligaciones procesales a su cargo.

El Juez de control hará la estimación de modo que constituya un motivo eficaz para que el imputado se abstenga de incumplir sus obligaciones y deberá fijar un plazo razonable para exhibir la garantía.

Artículo 173. Tipo de garantía

La garantía económica podrá constituirse de las siguientes maneras:

I. Depósito en efectivo;

II. Fianza de institución autorizada;

III. Hipoteca;

IV. Prenda;

V. Fideicomiso, o

VI. Cualquier otra que a criterio del Juez de control cumpla suficientemente con esta finalidad.

El Juez de control podrá autorizar la sustitución de la garantía impuesta al imputado por otra equivalente previa audiencia del Ministerio Público, la víctima u ofendido, si estuviese presente.

Las garantías económicas se regirán por las reglas generales previstas en el Código Civil Federal o de las Entidades federativas, según corresponda y demás legislaciones aplicables.

El depósito en efectivo será equivalente a la cantidad señalada como garantía económica y se hará en la institución de crédito autorizada para ello; sin embargo, cuando por razones de la hora o por tratarse de día inhábil no pueda constituirse el depósito, el Juez de control recibirá la cantidad en efectivo, asentará registro de ella y la ingresará el primer día hábil a la institución de crédito autorizada.

III. ***El embargo de bienes.*** Si el imputado cuenta con bienes a su nombre, el juzgado de control o de enjuiciamiento, podrá ordenar su embargo, girando oficio al registro público de la propiedad y del notariado en caso de inmuebles, para efecto de que se inscriba el gravamen correspondiente, en el entendido de que en caso de sustracción a la acción de la justicia, se podrá hacer efectivo el mismo.

IV. ***La inmovilización de cuentas y demás valores que se encuentren dentro del sistema financiero.*** Desde luego, esto implica que el ministerio público proporcione al juzgado de control o de enjuiciamiento los datos específicos de la cuenta y banco de origen, información que puede obtenerse verbigracia por medio de oficio librado a la Comisión Nacional Bancaria y de Valores, por parte del Fiscal o Procurador de cada Estado o de la persona en quien delegue esta facultad de investigación, lo anterior se sostiene derivado de lo establecido en la Ley de Instituciones de Crédito, en su artículo 142 fracción II: *"Las instituciones de crédito también estarán exceptuadas de la prohibición prevista en el primer párrafo de este artículo y, por tanto, obligadas a dar las noticias o información mencionadas, en los casos en que sean solicitadas por las siguientes autoridades:..... II. Los procuradores generales de justicia de los Estados de la Federación y del Distrito Federal o subprocuradores, para la comprobación del hecho que la ley señale como delito y de la probable responsabilidad del indiciado".*

V. La prohibición de salir sin autorización del país, de la localidad en la cual reside o del ámbito territorial que fije el juez.

Prohibición que puede hacerse efectiva incluso recogiendo los documentos migratorios del imputado.

VI. ***El sometimiento al cuidado o vigilancia de una persona o institución determinada o internamiento a institución determinada.*** Para lo cual el imputado debe presentar constancia periódica de encontrarse bajo la vigilancia de la institución correspondiente.

VII. ***La prohibición de concurrir a determinadas reuniones o acercarse o ciertos lugares.*** Nótese que se habla en esta porción normativa de lugares y no de personas precisamente, es una restricción meramente territorial, lo que se deja para la siguiente fracción.

VIII. ***La prohibición de convivir, acercarse o comunicarse con determinadas personas, con las víctimas u ofendidos o testigos, siempre que no se afecte el derecho de defensa.*** Lo que se conoce en el sistema anglosajón, como una orden de restricción.

IX. ***La separación inmediata del domicilio.*** Medida cautelar específicamente útil en los casos de delitos como violencia familiar, o injustos sexuales contra alguno de los cohabitantes.

X. ***La suspensión temporal en el ejercicio del cargo cuando se le atribuye un delito cometido por servidores públicos.*** Esto implica un mandamiento fundado y motivado por parte de la autoridad judicial, que separa a servidores públicos de su encargo de manera provisional, en los casos en los que los delitos atribuidos se pudieran haber cometido con motivo y en ejercicio de sus funciones.

XI. ***La suspensión temporal en el ejercicio de una determinada actividad profesional o laboral.*** Desde luego para casos en los que el delito atribuido se haya cometido con motivo y ejercicio de su profesión o empleo, verbigracia un taxista que suele conducir en estado de ebriedad, y se encuentra siendo procesado por daños culposos.

XII. ***La colocación de localizadores electrónicos.*** Siempre que las condiciones físicas y tecnológicas se reúnan en el caso concreto, como la disponibilidad de un domicilio con línea telefónica a la cual enlazar el dispositivo electrónico.

XIII. ***El resguardo en su propio domicilio con las modalidades que el juez disponga.*** Esto resulta una medida cautelar impuesta por autoridad judicial por medio de una determinación fundada y motivada, que implica el deber del imputado de permanecer en un inmueble determinado, con las modalidades de vigilancia que el juez establezca. Desde luego se requiere la disponibilidad de un recinto idóneo, lo que resulta una medida aún más gentil que la prisión preventiva.

XIV. ***La prisión preventiva.*** Es el estado de privación de la libertad, al que se encuentra sometido provisionalmente un imputado, por considerarse altas las probabilidades de sustracción a la acción de la justicia, en tanto que el proceso principal concluye por una sentencia definitiva que ha causado ejecutoria, por algún medio alternativo de solución de conflictos, el sobreseimiento de la causa, o en su caso por que el tribunal tenga a bien modificar dicha medida por considerar variaciones en las circunstancias que motivaron su imposición.

Mucho se ha discutido sobre el conflicto existente entre la prisión preventiva –justificada - y la presunción de inocencia. Argumentos defensivos han descansado en exponer la incompatibilidad del principio en comentario y la determinación de privar de la libertad provisionalmente al imputado mientras que aún no se decida sobre su responsabilidad penal. Sin embargo, prevalece el criterio de que el proceso penal es de orden público y debe garantizarse su debido desarrollo, de lo contrario cuantos imputados acudirían de manera voluntaria a las citaciones judiciales en donde exista la probabilidad de que se emita una sentencia condenatoria en su contra. Si bien existe el mecanismo denominado orden de aprehensión, cuya función es únicamente captura y conducción del imputado ante el juez, es bien sabido que la ejecución de la misma no resulta tarea sencilla ni mucho menos rápida. Igualmente debe destacarse que la aplicación de una medida cautelar no prejuzga sobre la responsabilidad penal o no del imputado en cuanto al delito atribuido, sino que analiza el perfil del imputado, en la medida en que revele la intención de someterse o no a proceso. Estamos a favor de una medida cautelar impuesta de manera proporcional a riesgo de sustracción, de manera fundada y motivada – es decir justificada -, y no así de prisiones preventivas oficiosas, en las que el legislador preestablezca la probabilidad de sustracción, sustituyendo esto a la labor que debe de realizar el ministerio público. Consideramos a la prisión preventiva oficiosa, una figura grotesca, que debe ser derogada tanto del Magno Texto, como de la codificación adjetiva penal, para admitirse solo la prisión preventiva justificada.

Los artículos 165 y 166, abundan sobre la aplicación de la prisión preventiva:

> **Artículo 165. Aplicación de la prisión preventiva**
>
> Sólo por delito que merezca pena privativa de libertad habrá lugar a prisión preventiva. La prisión preventiva será ordenada conforme a los términos y las condiciones de este Código.[30]
>
> La prisión preventiva no podrá exceder del tiempo que como máximo de pena fije la ley al delito que motivare el proceso y en ningún caso será superior **a dos años**, salvo que su prolongación se deba al ejercicio del derecho de defensa del imputado. Si cumplido este término no se ha pronunciado sentencia, el imputado será puesto en libertad de inmediato mientras se sigue el proceso, sin que ello obste para imponer otras medidas cautelares.[31]

---

30 Correlativo del primer párrafo del artículo 18 de la CPEUM.

31 Finalmente el artículo 20, apartado B, fracción VII de la CPEUM, establece la duración del proceso penal, determinando que el imputado: "Será juzgado antes de cuatro meses si se tratare de delitos

Artículo 166. Excepciones

En el caso de que el imputado sea una persona mayor de setenta años de edad o afectada por una enfermedad grave o terminal, el Órgano jurisdiccional podrá ordenar que la prisión preventiva se ejecute en el domicilio de la persona imputada o, de ser el caso, en un centro médico o geriátrico, bajo las medidas cautelares que procedan.

De igual forma, procederá lo previsto en el párrafo anterior, cuando se trate de mujeres embarazadas, o de madres durante la lactancia.

No gozarán de la prerrogativa prevista en los dos párrafos anteriores, quienes a criterio del Juez de control puedan sustraerse de la acción de la justicia o manifiesten una conducta que haga presumible su riesgo social.

El ordinal 167 del CNPP, aparece en nuestro escenario jurídico, realizando diversas determinaciones sobre la prisión preventiva y el resguardo domiciliario, debiendo destacarse el catálogo de delitos que ameritan prisión preventiva oficiosa, tanto del orden local como federal. Inicialmente se establece en el guarismo en comentario que el Ministerio Público sólo podrá solicitar al Juez de control la prisión preventiva o el resguardo domiciliario cuando:

a. Otras medidas cautelares no sean suficientes para garantizar la comparecencia del imputado en el juicio.

b. Cuando otras medidas no sea suficientes para asegurar el desarrollo de la investigación, la protección de la víctima, de los testigos o de la comunidad.

---

cuya pena máxima no exceda de dos años de prisión, y antes de un año si la pena excediere de ese tiempo, salvo que solicite mayor plazo para su defensa", por lo que la prisión preventiva no debe exceder de ese año, a menos que los medios legales que interponga la defensa hagan que se prolongue su enjuiciamiento.

c. Así como cuando el imputado esté siendo procesado o haya sido sentenciado previamente por la comisión de un delito doloso, siempre y cuando la causa diversa no sea acumulable o conexa en los términos del cuerpo normativo en estudio.

En el numeral en cita, igualmente se expone con meridiana claridad que en el supuesto de que el imputado esté siendo procesado por otro delito distinto de aquel en el que se solicite la prisión preventiva, deberá analizarse si ambos procesos son susceptibles de acumulación, en cuyo caso la existencia de proceso previo no dará lugar por si sola a la procedencia de la prisión preventiva.

En el tercer párrafo del mismo dispositivo 167 del CNPP, se plasman los delitos que, a criterio del legislador, llevan implícito el peligro de sustracción a la acción de la justicia, ordenando que el Juez de control en el ámbito de su competencia, imponga la prisión preventiva oficiosamente en los casos de:

Delitos del fuero común, que ameritan prisión preventiva oficiosa

1) Delincuencia Organizada,
2) Homicidio Doloso,
3) Violación,
4) Secuestro,
5) Trata De Personas,
6) Delitos Cometidos Con Medios Violentos Como Armas Y Explosivos,
7) Delitos Graves Que Determine La Ley Contra La Seguridad De La Nación,
8) El Libre Desarrollo De La Personalidad Y De La Salud.
9) Las leyes generales de salud, secuestro y trata de personas establecerán los supuestos que ameriten prisión preventiva oficiosa.
10) La ley en materia de delincuencia organizada establecerá los supuestos que ameriten prisión preventiva oficiosa.

El contenido del artículo 167 es basto, en virtud de que con posterioridad a la enunciación de los delitos del orden local que ameritan prisión preventiva oficiosa, se plasma un catálogo de delitos previstos en el Código Penal Federal, que conllevan la misma medida cautelar:

Se consideran delitos que ameritan prisión preventiva oficiosa, los previstos en el Código Penal Federal de la manera siguiente:

> **I.** Homicidio doloso previsto en los artículos 302 en relación al 307, 313, 315, 315 Bis, 320 y 323;
>
> **II.** Genocidio, previsto en el artículo 149 Bis;
>
> **III.** Violación prevista en los artículos 265, 266 y 266 Bis;
>
> **IV.** Traición a la patria, previsto en los artículos 123, 124, 125 y 126;
>
> **V.** Espionaje, previsto en los artículos 127 y 128;
>
> **VI.** Terrorismo, previsto en los artículos 139 al 139 Ter y terrorismo internacional previsto en los artículos 148 Bis al 148 Quáter;
>
> **VII.** Sabotaje, previsto en el artículo 140, párrafo primero;
>
> **VIII.** Los previstos en los artículos 142, párrafo segundo y 145;
>
> **IX.** Corrupción de personas menores de dieciocho años de edad o de personas que no tienen capacidad para comprender el significado del hecho o de personas que no tienen capacidad para resistirlo, previsto en el artículo 201; Pornografía de personas menores de dieciocho años de edad o de personas que no tienen capacidad para comprender el significado del hecho o de personas que no tienen capacidad para resistirlo, previsto en el artículo 202; Turismo sexual en contra de personas menores de dieciocho años de edad o de personas que no tienen capacidad para comprender el significado del hecho o de personas que no tienen capacidad para resistirlo, previsto en los artículos 203 y 203 Bis; Lenocinio de personas menores

> de dieciocho años de edad o de personas que no tienen capacidad para comprender el significado del hecho o de personas que no tienen capacidad para resistirlo, previsto en el artículo 204 y Pederastia, previsto en el artículo 209 Bis;
>
> **X.** Tráfico de menores, previsto en el artículo 366 Ter;
>
> **XI.** Contra la salud, previsto en los artículos 194, 195, 196 Bis, 196 Ter, 197, párrafo primero y 198, parte primera del párrafo tercero.

El último párrafo del artículo en mención, establece la posibilidad de que a pesar de encontrarnos en presencia de un delito incorporado en los catálogos antes expuestos, el juzgado de control o de enjuiciamiento, aplique a solicitud del ministerio público[32], diversa medida cautelar:

> El juez no impondrá la prisión preventiva oficiosa y la sustituirá por otra medida cautelar, únicamente cuando lo solicite el Ministerio Público por no resultar proporcional para garantizar la comparecencia del imputado en el proceso, el desarrollo de la investigación, la protección de la víctima y de los testigos o de la comunidad. Dicha solicitud deberá contar con la autorización del titular de la Procuraduría o el funcionario que en él delegue esa facultad.

Sobre la prisión preventiva oficiosa, y el pre-establecimiento del riesgo que representa la persona imputada, han cobrado fuerza – y con razón – criterios y resoluciones de organismos internacionales, incluida la Corte Interamericana de Derechos Humanos, que le catalogan como medida arbitraria, excesiva o desproporcionada al no justificarse o motivarse adecuadamente la necesidad de la cautela para privar de la libertad preventivamente a un ser humano sin que exista aún sentencia definitiva. Por nuestra parte, compartimos la idea relativa a la necesidad de una prisión preventiva justificada, en la que se

---

[32] Nótese que no se incluye al asesor jurídico, víctima u ofendido.

funde y motive la necesidad de la medida privativa de la libertad en cada caso concreto; rechazando la oficiosidad de la misma, extremo que si bien facilita la labor de la parte solicitante, se traduce en un criterio inquisitivo y arbitrario que infortunadamente permanece en nuestra codificación adjetiva con soporte en el ordinal 19 del Magno Texto, generando división en las discusiones en torno al control de convencionalidad de dicha medida y la supremacía constitucional.

2.9.3. Peligro de sustracción a la acción de la justicia.

Se ha expresado con anterioridad, que el órgano jurisdiccional deberá de decidir sobre el peligro de sustracción a la acción de la justicia que represente el imputado, por lo que el artículo 168 del CNPP, establece los lineamientos o parámetros que el juzgador debe tomar en consideración para efecto de fundar y motivar el auto que imponga las medidas cautelares, de acuerdo con la información que exponga el agente del ministerio público, la víctima u ofendido y el asesor jurídico, así como los argumentos y pruebas defensivas.

Para decidir si está garantizada o no la comparecencia del imputado en el proceso, el órgano jurisdiccional deberá de analizar:

- ***I. El arraigo que tenga en el lugar donde deba ser juzgado determinado por el domicilio, residencia habitual, asiento de la familia y las facilidades para abandonar el lugar o permanecer oculto. La falsedad sobre el domicilio del imputado constituye presunción de riesgo de fuga.*** En torno a este tópico, se deben proporcionar elementos al tribunal[33], encaminados

[33] Para efectos de solicitar una determinada medida cautelar, es posible desahogar prueba específicamente direccionada a este fin, tal y como lo dispone el Artículo 171 del CNPP: Las partes podrán invocar datos u ofrecer medios de prueba con el fin de solicitar la imposición, revisión, sustitución, modificación o cese de la prisión preventiva.

para acreditar, que el imputado, cuenta con elementos que permitan concluir su permanencia o no en el distrito judicial en que el que habrá de ser procesado. Cualquier dato inherente a estos aspectos puede ser de utilidad, como datos del registro público de la propiedad, actas de estado civil, constancia de empleo y antigüedad en el mismo, incluso la vigencia o no de su pasaporte o hasta la existencia o no de una doble nacionalidad.

II. ***El máximo de la pena que en su caso pudiera llegar a imponerse de acuerdo al delito de que se trate y la actitud que voluntariamente adopta el imputado ante éste.*** El tribunal deberá de considerar, que en un proceso por extorsión, con penalidades elevadas, pudiera resultar mayormente atractivo para el imputado sustraerse a la acción de la justicia, y evitar las molestias del juicio, a diferencia de un simple proceso por fraude genérico, con penalidades más bajas.

III. ***El comportamiento del imputado posterior al hecho cometido durante el procedimiento o en otro anterior, en la medida que indique su voluntad de someterse o no a la persecución penal.*** Asimismo debe analizarse si el imputado ha cumplido voluntariamente con las citaciones, o ha sido necesario librar órdenes de aprehensión en su contra

IV. ***La inobservancia de medidas cautelares previamente impuestas.*** Si primigeniamente se impuso una medida cautelar de bajo impacto y fue desacatada, significa que el órgano jurisdiccional lo tomará en consideración en el momento de su modificación. Verbigracia en el supuesto de imposición de garantía económica, en caso de incumplimiento, enton-

---

En todos los casos se estará a lo dispuesto por este Código en lo relativo a la admisión y desahogo de medios de prueba.
Los medios de convicción allegados tendrán eficacia únicamente para la resolución de las cuestiones que se hubieren planteado.

ces en la revisión sobre las medidas, el tribunal lo tomará como referencia para su modificación a una más grave.

V. El desacato de citaciones para actos procesales y que, conforme a derecho, le hubieran realizado las autoridades investigadoras o jurisdiccionales. El desacato a citaciones, implica una forma negativa de comportamiento, que pudiera encontrarse implícita en la fracción III de este artículo, no obstante, el legislador hace hincapié en la importancia de cumplir con los citatorios enviados tanto por el órgano jurisdiccional, como por el ministerio público en la etapa de investigación inicial. Debe destacarse, que en el supuesto de que el ministerio público cite al imputado durante la investigación inicial, este tendrá derecho a comparecer, designar defensor, y enterarse del contenido de la carpeta de investigación, así como participar en su integración. En caso de no acatar el citatorio del ministerio público en esta etapa, únicamente revela su indiferencia al procedimiento, y pierde su derecho de enterarse del contenido de la carpeta, sin que sea necesario librar una orden de aprehensión en su contra, ya que esta solo procede por desacato a citaciones judiciales, o por desconocimiento preciso de su paradero, pero con la finalidad de conducirlo ante el tribunal emisor de la orden, no ante el ministerio público. Por lo tanto la evasión a las citaciones del ministerio público, solo podrá utilizarse como referente, para una futura imposición de medidas cautelares.

El artículo 169 del CNPP, establece los parámetros a considerar para efecto de determinar si existe o no, peligro de obstaculización de la investigación:

Artículo 169. Peligro de obstaculización del desarrollo de la investigación

Para decidir acerca del peligro de obstaculización del desarrollo de la investigación, el Juez de control tomará en cuenta la circunstancia del hecho imputado y los elementos aportados por el Ministerio Público para estimar como probable que, de recuperar su libertad, el imputado:

Destruirá, modificará, ocultará o falsificará elementos de prueba;

Influirá para que coimputados, testigos o peritos informen falsamente o se comporten de manera reticente o inducirá a otros a realizar tales comportamientos, o

III. Intimidará, amenazará u obstaculizará la labor de los servidores públicos que participan en la investigación.

Desde luego, tendrán que acreditarse con los medios idóneos los supuestos de referencia, como actas policiales, o declaraciones de los testigos o peritos que informen que el imputado los ha tratado de contactar para influenciar sus posturas frente al hecho delictivo.

Una vez que el juzgador emita el auto que imponga las medidas cautelares, debe de puntualizarse que a quien no le beneficie la resolución, tiene la posibilidad de apelación en contra del mismo[34]. En caso de no interponerse la apelación, o bien, de haberse apelado tal resolución sin éxito, las medidas cautelares son modificables, siempre que varíen las circunstancias que las motivaron:

Artículo 174. Incumplimiento del imputado de las medidas cautelares

Cuando el supervisor de la medida cautelar detecte un incumplimiento de una medida cautelar distinta a la garantía económica o de prisión preventiva, deberá informar a las partes de forma inmediata a efecto de que en su caso puedan solicitar la revisión de la medida cautelar.

---

34 Artículo 467, fracción V.

El Ministerio Público que reciba el reporte de la autoridad de supervisión de medidas cautelares y de la suspensión condicional del proceso, deberá solicitar audiencia para revisión de la medida cautelar impuesta en el plazo más breve posible y en su caso, solicite la comparecencia del imputado o una orden de aprehensión.

En caso que el imputado notificado por cualquier medio no comparezca injustificadamente a la audiencia a la que fue citado, el Ministerio Público deberá solicitar la orden de aprehensión o comparecencia.

La justificación de la inasistencia por parte del imputado deberá presentarse a más tardar al momento de la audiencia.

En el caso de que al imputado se le haya impuesto como medida cautelar una garantía económica y, exhibida ésta sea citado para comparecer ante el juez e incumpla la cita, se requerirá al garante para que presente al imputado en un plazo no mayor a ocho días, advertidos, el garante y el imputado, de que si no lo hicieren o no justificaren la incomparecencia, se hará efectiva la garantía a favor del Fondo de Ayuda, Asistencia y Reparación Integral o sus equivalentes en las entidades federativas, previstos en la Ley General de Víctimas.

Si el imputado es sorprendido infringiendo una medida cautelar de las establecidas en las fracciones V, VII, VIII, IX, XII y XIII del artículo 155 de este Código, el supervisor de la medida cautelar deberá dar aviso inmediatamente y por cualquier medio, al Juez de control quien con la misma inmediatez ordenará su arresto con fundamento en el inciso d), fracción II del artículo 104 de este Código, para que dentro de la duración de este sea llevado ante él en audiencia con las partes, con el fin de que se revise la medida cautelar; siempre y cuando se le haya apercibido que de incumplir con la medida cautelar se le impondría dicha medida de apremio.

2.9.4. Distinción entre medida cautelar, providencia precautoria y medida de protección.

Es importante realizar la distinción entre las medidas cautelares y diversas figuras denominadas providencias precautorias, en virtud de que el objetivo de las providencias precautorias en el procedimiento penal, es contribuir a garantizar la reparación del daño para la víctima y ofendido, procurando impedir que la persona imputada dilapide u oculte sus bienes, para que al llegar a una sentencia que condene a la reparación el daño, esta sea susceptible de ejecutarse, garantizando el derecho humano de acceso a la justicia para la víctima. Esto encuentra sustento normativo en arábigo 138 del Código Nacional de Procedimientos Penales:

> *Artículo 138. Providencias precautorias para la restitución de derechos de la víctima.*
>
> **Para garantizar la reparación del daño**, *la víctima, el ofendido o el Ministerio Público, podrán solicitar al juez las siguientes providencias precautorias:*
>
> *I. El embargo de bienes, y*
>
> *II. La inmovilización de cuentas y demás valores que se encuentren dentro del sistema financiero.*
>
> *El juez decretará las providencias precautorias, siempre y cuando, de los datos de prueba expuestos por el Ministerio Público y la víctima u ofendido, se desprenda la posible reparación del daño y la probabilidad de que el imputado será responsable de repararlo.*
>
> *Decretada la providencia precautoria, podrá revisarse, modificarse, sustituirse o cancelarse a petición del imputado o de terceros interesados, debiéndose escuchar a la víctima u ofendido y al Ministerio Público.*

En este orden de ideas, podemos desglosar dos providencias precautorias: 1) el embargo de bienes de la persona imputada, y 2) la inmovilización de cuentas y demás valores del sistema financiero; en el entendido de que los bienes cuyo embargo se requiere o las cuentas o valores cuya inmovilización se realiza, deben ser señaladas de forma precisa y detallada, debiendo existir dentro de la carpeta de investigación, información y pertinente que le proporcione al juez la certeza de que dichos bienes efectivamente le pertenecen al imputado y que se desprende la probabilidad de que en caso de una sentencia condenatoria, el imputado sería responsable de repararlo.

Como lo establece el primer párrafo del artículo 138 del CNPP, las providencias precautorias tienen como finalidad específica garantizar la reparación del daño, en los casos en los que de los datos que obran en la carpeta, se desprenda esta necesidad, así como la probabilidad de que la persona imputada será la responsable de repararlo, si se dictara una sentencia condenatoria.

En este tenor, nos parece evidente que existe una diferencia esencial, entre la finalidad de las medidas cautelares, y del embargo en calidad de providencia precautoria, ya que esta procura garantizar la reparación del daño, e impedir que el imputado dispendie sus bienes haciendo inejecutable este apartado en una sentencia condenatoria.

Es importante mencionar, que si bien es cierto que el artículo 155 - III y IV, del Código Nacional de Procedimientos Penales, tiene previsto al embargo de bienes, y a la como a la inmovilización de cuentas y valores que se encuentren dentro del sistema financiero mexicano; sin embargo, debe subrayarse que por encontrarse en el listado de medidas cautelares, en este supuesto se deben imponer cuando a través del embargo, o la inmovilización de sus cuentas de la persona imputada, se impida la sustracción del mismo a la acción de la justicia, - por ejemplo que al inmovilizar cuentas se impida que el imputado pueda disponer de sus recursos para salir del lugar en el que se radicó su proceso, o bien, que al disponer de bienes no embargados se allegue de recursos para sustraerse a la acción de la justicia, obstaculizar el proceso o incluso atentar contra la víctima u ofendido-. Por lo tanto, las razones por la que se solicitan en e imponen las medidas cautelares y las providencias precautorias son diferentes, con independencia de que en el supuesto de que, impuesta una medida cautelar real, se pueda hacer efectiva o aplicar en favor de la víctima u ofendido.

Comprendamos entonces que, la gran distinción que podemos puntualizar de las medidas cautelares con respecto a las providencias precautorias, es que las últimas mencionadas en realidad tienen como objetivo evitar que el imputado disponga de sus recursos para sustraerse a la acción de la justicia, tratar de manipular en testigos del delito, obstaculizar la secuela procesal o atentar contra la seguridad de la víctima u ofendido; sino que con su decretamiento se garantice la reparación integral, efectiva, y proporcional del daño, al tenor de lo establecido en los artículos 29, 30, 30 bis, 31, 31 bis, 32, 33, 34, 35, 36, 37, 43 bis, 43 ter, 44, 45, 46, 91 y demás relativos aplicables del Código Penal Federal y sus correlativos de cada entidad federativa, así como los dispositivos 1, 2 – I, II, III, 5, 7 – I, VII, XXVI, 9, 10, 12 – II, X, 26, 27 – I, II, 123 – III, VII, 125 – I, y demás relativos aplicables de la Ley General de Víctimas, y desde luego el ordinal 138 del Código Nacional de Procedimientos Penales.

En este tenor, a nuestro criterio, es impreciso considerar que el destino de las providencias precautorias decretadas durante la investigación inicial, sea convertirse o ser sustituidas por medidas cautelares una vez que se ejerza la acción penal, toda vez que aún y cuando en ambas figuras se contempla el embargo de bienes o la inmovilización de cuentas del imputado, estas medidas cuentan con una finalidad esencial distinta, teniendo independencia lógica entre ellas, y finalidades distintas; por lo que no debe sostenerse que una se transforme en otra. Asimismo, debe subrayarse el trato diferenciado que se realiza en el Código Nacional de Procedimientos Penales, sobre las medias de protección y las providencias precautorias:

> *Artículo 137. Medidas de protección*
>
> *El Ministerio Público, bajo su más estricta responsabilidad, ordenará fundada y motivadamente la aplicación de las* ***medidas de protección*** *idóneas cuando estime que* ***el imputado representa un riesgo inminente en contra de la seguridad de la víctima u ofendido. Son medidas de protección las siguientes:***
>
> *[...]*
>
> *Dentro de los cinco días siguientes a la imposición de las* ***medidas de protección*** *previstas en las fracciones I, II y III deberá celebrarse audiencia en la que el juez podrá cancelarlas, o bien, ratificarlas o modificarlas mediante la imposición de las medidas cautelares correspondientes.*
>
> *En caso de incumplimiento de las* ***medidas de protección****, el Ministerio Público podrá imponer alguna de las medidas de apremio previstas en este Código.*
>
> *En la aplicación de estas medidas tratándose de delitos por razón de género, se aplicarán de manera supletoria la Ley General de Acceso de las Mujeres a una Vida Libre de Violencia.*

No obstante que tanto las medidas de protección, como las providencias precautorias se encuentran previstas en el mismo Título VI, Capítulo I, del Código Nacional de Procedimientos Penales, analizando con detenimiento, podemos apreciar un trato distinto, toda vez que en el artículo 137 del ordenamiento en cita, se establece que las medidas de protección sujetas a control judicial, con posterioridad, podrán convertirse en medidas cautelares; empero, la razón de esta disposición, consiste en que las medidas de protección se pueden imponer por el Ministerio Público cuando se estime que el imputado representa un riesgo inminente en contra de la seguridad de la víctima, comulgando esta hipótesis, con uno de los objetivos de las medidas cautelares, garantizar la seguridad de la víctima u ofendido; esta comunión de finalidades que no se actualiza respecto de las providencias precautorias, siendo la razón por la que el artículo 138 del CNPP, determina que las providencias precautorias, serían susceptibles de hacerse efectivas – como tales y sin necesidad de transformarse en medidas cautelares -, una vez dictada una sentencia condenatoria, aplicándose el Codificación Adjetiva Civil de manera supletoria.

Por lo tanto, no sería acertado afirmar que las providencias precautorias, luego de ejercida la acción penal se sustituyen por medidas cautelares, ya que como ha quedado expuesto, las providencias precautorias tienen una naturaleza y fines distintos a las medidas cautelares.

Suele ocurrir, que, al solicitar medidas cautelares, se pretenda justificar su imposición ante el órgano jurisdiccional, con la necesidad de garantizar la reparación del daño, no obstante, los tribunales suelen pronunciase en torno a que la naturaleza de las medidas cautelares no es garantizar la reparación del daño.

Lo antes puntualizado, puede sintetizarse en los siguientes términos:

Medidas Cautelares.	**Medidas de protección**	**Providencias precautorias.**
Contempladas en los dispositivos **153 – 155** del Código Nacional de Procedimientos Penales.	Establecidas en el ordinal **137** del Código Nacional de procedimientos Penales. Las puede imponer el ministerio público, y solo 3 de ellas están sujetas a control judicial posterior.	Desarrolladas en el aràbigo **138** del Código Nacional de procedimientos Penales. El M.P. no las decreta, las tiene que solicitar al órgano jurisdiccional.
Objetivo. Impedir la sustracción a la acción de la justicia del imputado, evitar la obstaculización del proceso y garantizar seguridad de la víctima, ofendido o testigos del delito.	Objetivo. Garantizar la seguridad a la víctima u ofendido.	Objetivo. Garantizar la reparación del daño.

Las medidas de protección, deben ser sustituidas en el momento procesal oportuno, por medias cautelares, **en virtud de que comparten uno de sus objetivos, brindar seguridad a la víctima u ofendido.**	Las providencias precautorias, **no comparten finalidad con las medidas de protección o cautelares,** por lo que es viable que permanezcan vigentes hasta la sentencia condenatoria para hacerse efectivas. Solamente cuando se soliciten antes del ejercicio de la acción penal, se someterán a una vigencia de 60 días prorrogable por otros 30 noventa días; sin embargo ejercida la misma, o decretadas durante la investigación complementaria, permanecen vigentes hasta la sentencia definitiva o sobreseimiento de la causa.

En la tabla previa, se hace referencia al momento procesal oportuno para decretar providencias precautorias, así como la vigencia de las mismas; sobre este tópico, consideramos que suele interpretarse de manera equívoca el contenido de los numerales 138 y 139 del Código Nacional de Procedimientos Penales, que determinan:

> ***Artículo 138. Providencias precautorias para la restitución de derechos de la víctima.***
>
> ***Para garantizar la reparación del daño,*** *la víctima, el ofendido o el Ministerio Público, podrán solicitar al juez las siguientes providencias precautorias:*
>
> ***I. El embargo de bienes****, y*
>
> ***II.*** *La inmovilización de cuentas y demás valores que se encuentren dentro del sistema financiero.*

El juez decretará las providencias precautorias, siempre y cuando, de los datos de prueba expuestos por el Ministerio Público y la víctima u ofendido, se desprenda la posible reparación del daño y la probabilidad de que el imputado será responsable de repararlo.

Decretada la providencia precautoria, podrá revisarse, modificarse, sustituirse o cancelarse a petición del imputado o de terceros interesados, debiéndose escuchar a la víctima u ofendido y al Ministerio Público.

Las providencias precautorias serán canceladas si el imputado garantiza o paga la reparación del daño; ***si fueron decretadas antes de la audiencia inicial*** *y el Ministerio Público no las promueve, o no solicita orden de aprehensión en el término que señala este Código; si se declara fundada la solicitud de cancelación de embargo planteada por la persona en contra de la cual se decretó o de un tercero,* ***o si se dicta sentencia absolutoria, se decreta el sobreseimiento o se absuelve de la reparación del daño.***

↓

La expresión "Si fueron [...]" a nuestro criterio implica una posibilidad, más no una exigencia.
Y la manera de "promoverlas", para evitar su cancelación es el ejercicio de la acción penal.

La providencia precautoria se hará efectiva a favor de la víctima u ofendido cuando *la* ***sentencia que condene a reparar el daño cause ejecutoria.*** *El embargo se regirá en lo conducente por las* **reglas generales del embargo previstas en el Código Federal de Procedimientos Civiles**.

↓

Permanecen vigentes como providencias, sin convertirse en medidas cautelares, para ejecutarse en sentencia definitiva de carácter condenatorio.

Existen interpretaciones que aseguran que las providencias precautorias, pueden decretarse exclusivamente durante la etapa investigación en su fase inicial, ya que una vez que se ejerza la acción penal, estas serán sustituidas por medidas cautelares; sin embargo, por nuestra parte consideramos equívoco este criterio, ya que ha quedado precisado que garantizar la reparación del daño, no es equiparable a evitar la obstaculización del proceso.

En nuestra experiencia, nada ha impedido que una vez ejercida la acción penal, se decreten providencias precautorias, para una finalidad diversa a la de las medidas cautelares, lo que nos permite concluir que solicitar las providencias precautorias durante la investigación inicial resulta solamente una posibilidad, más no una exigencia legislativa. Es decir, consideramos que no precluye el derecho de las partes para señalar bienes o cuentas bancarias que sean localizadas durante la investigación en su fase complementaria, para embargarse o inmovilizarse en calidad de providencia precautoria.

En efecto, exclusivamente en el supuesto de haber sido decretadas las providencias antes de la audiencia inicial, estarán condicionadas para su permanencia al ejercicio de la acción penal – siempre que no se dicte un auto de no vinculación a proceso sin sobreseimiento, ya que esto devolvería las cosas a la investigación inicial-, y solo entonces deberán de sujetarse a la duración establecida en el ordinal 139 del Código Nacional de Procedimientos Penales:

> *Artículo 139. Duración de las medidas de protección y providencias precautorias.*
>
> *La imposición de las medidas de protección y de las providencias precautorias tendrá <u>una duración máxima de sesenta días naturales, prorrogables hasta por treinta días.</u>*
>
> *Cuando hubiere desaparecido la causa que dio origen a la medida decretada, el imputado, su Defensor o en su caso el Ministerio Público, podrán solicitar al Juez de control que la deje sin efectos.*

Desde luego que, por certeza jurídica, solamente en el supuesto de que las providencias precautorias se decretaran, antes del ejercicio de la acción penal, deberán de sujetarse al límite temporal establecido en el artículo 139 del CNPP, en el entendido de que, ante la inactividad del ministerio público, luego de este plazo, deberán de cancelarse. Sin embargo, ejercida la acción penal en tiempo y forma, las providencias precautorias deberán permanecer vigentes, hasta en tanto no se concluya con el proceso, por ejemplo, con un auto de sobreseimiento, sentencia absolutoria - que implicaría su cancelación - o sentencia condenatoria - que implicaría su ejecución-, así se considera resulta la correcta interpretación del numeral 138 del CNPP:

> Artículo 138: [...]
>
> [...] .
>
> Las providencias precautorias serán canceladas si el imputado garantiza o paga la reparación del daño, si fueron decretadas antes de la audiencia inicial y el Ministerio Público no las promueve, o no solicita orden de aprehensión en el término que señala este Código; si se declara fundada la solicitud de cancelación de embargo planteada por la persona en contra de la cual se decretó o de un tercero, o si se dicta sentencia absolutoria, se decreta el sobreseimiento o se absuelve de la reparación del daño.
>
> **La providencia precautoria se hará efectiva a favor de la víctima u ofendido cuando la sentencia que condene a reparar el daño cause ejecutoria. El embargo se regirá en lo conducente por las reglas generales del embargo previstas en el Código Federal de Procedimientos Civiles.**

Sería absurdo considerar, que siempre y en todos los casos, las providencias precautorias, se extinguirían luego del plazo establecido en el ordinal 139 de la Codificación Adjetiva, e insistimos en que, sostener que el destino de las providencias precautorias, es convertirse en medidas cautelares, haría que perdieran el sentido los dos últimos parágrafos del artículo 138 del CNPP, en virtud de que nada impide que las providencias precautorias, puedan permanecer vigentes y ejecutarse en caso de una sentencia definitiva de carácter condenatorio, aplicando por remisión la Codificación Adjetiva Civil.

Igualmente consideramos que no existe impedimento, para que, en el supuesto de que, durante la investigación complementaria o etapas posteriores, hasta antes de la sentencia definitiva, se localicen bienes al imputado, se pueda solicitar el embargo o inmovilización de cuentas en calidad de providencia precautoria; considerar lo opuesto, haría nugatorio el derecho humano de acceso a la justicia y reparación integral de daño de la víctima. Consideramos impertinente argumentar, que solamente durante la investigación inicial sea posible localizar bienes del imputado, y decretar providencia precautorias, ya que en la vida cotidiana, es recurrente que los bienes del imputado tengan movimiento, se realicen cambios de cuentas bancarias, o incluso ingresen bienes a su patrimonio durante la investigación complementaria o etapas posteriores, no existiendo asidero normativo para negar el decretamiento de providencias precautorias luego de la investigación inicial. Dicho de otra forma, no existe fundamento que delimite el momento procesal en el que se deban dejar solicitar y decretar las providencias precautorias, toda vez que únicamente se establecen condiciones temporales para que permanezcan vigentes "si se solicitan antes de la audiencia inicial [...]", lo que no implica que invariablemente deban de imponerse en este momento procesal, ya que las mismas podrán permanecer vigentes para hacerse efectivas en caso de sentencia condenatoria.

Capítulo tercero
Plazo para el cierre de la investigación complementaria, acusación, ofrecimiento y descubrimiento probatorio, audiencia intermedia

3.1. PLAZO PARA EL CIERRE DE LA INVESTIGACIÓN COMPLEMENTARIA.

Definición. Es un espacio temporal común a las partes, señalado por el juez de control, de oficio o bien, a petición del ministerio público o de la defensa, justo antes de finalizar la audiencia inicial, mismo que tiene como finalidad la recolección de nuevos datos encaminados a fortalecer la teoría del caso de cada una de las partes.

Los elementos de la definición son:

a. **Espacio temporal común a las partes.** Debe destacarse que el señalamiento del plazo para el cierre de la investigación complementaria, se realiza dentro de la audiencia inicial, justo antes de finalizarla, sin embargo, el transcurso de este plazo evidentemente ya no forma parte de la audiencia inicial, sino de la etapa procesal denominada Investigación Complementaria.[35]

---

[35] Recuérdese el contenido del artículo 211, fracción I, inciso b) del CNPP que establece: "b) Investigación complementaria, que comprende desde la formulación de la imputación y se agota una vez

b. **El señalamiento es realizado por el juez de control, de manera oficiosa o bien a petición de parte.** Ordinariamente, las partes pueden proponer el plazo que cada una considere necesario, para efecto de contar con el tiempo necesario para reunir el caudal probatorio direccionado a robustecer su estrategia, en efecto, cada parte podrá exponer el tiempo que requiere, y desde luego deberá justificarlo con las razones pertinentes, es decir, cuales diligencias pendientes planean realizar, y por qué resulta necesario ese tiempo solicitado. Por lo que el ministerio público hará su propuesta, así como la defensa, de tal suerte que el juzgado de control tendrá tres opciones, conceder el plazo solicitado por el ministerio público, conceder el plazo solicitado por la defensa, o señalar uno lapso distinto. Verbigracia, el ministerio público pudiera solicitar como plazo de cierre de la investigación complementaria 6 meses, y exponer sus razones, la defensa podría solicitar únicamente 2 meses, exponiendo igualmente sus motivos, pero el juzgado de control podría considerar excesivo el tiempo solicitado por el ministerio, y reducido el solicitado por la defensa, así que válidamente podría señalar 4 meses de plazo para el cierre de la investigación complementaria.

c. **Momento procesal oportuno.** El señalamiento del plazo se realiza justo antes de finalizar la audiencia inicial y después de haberse emitido un auto de vinculación a proceso, en virtud de que en caso de haberse dictado un auto de no vinculación a proceso, no hay investigación

---

que se haya cerrado la investigación". Razón por la que en su momento se hizo la precisión consistente en que la audiencia inicial (excepto el control de detención, si existe), forma parte de la Etapa de Investigación Complementaria.

complementaria con la cual continuar, pues no se sujetó al imputado a ningún proceso subsiguiente.

d. **Finalidad.** El objetivo primordial de este plazo consiste en la recolección de nuevos datos encaminados a fortalecer la teoría del caso de cada una de las partes. En efecto, si existió un auto de vinculación a proceso, significa que el ministerio público acreditó la existencia de un hecho que la ley señala como delito, y la probabilidad de que el imputado lo cometió o participó en su comisión, sin embargo este estándar probatorio no resulta suficiente, si es que el órgano mencionado busca una sentencia definitiva de carácter condenatorio, ya que debe elevar el caudal probatorio y a la postre convencer a un tribunal que el acusado cometió el delito más allá de toda duda razonable, por lo tanto esta será la labor del ministerio público durante el plazo de cierre de la investigación complementaria. Por su parte la defensa también cuenta con tarea pendiente, ya que en la previa audiencia de vinculación a proceso, se acreditaron los extremos ya mencionados, así que su labor consistiría en recolectar futuras pruebas de descargo, que lograran la absolución del acusado, o una pena mínima dependiendo de la estrategia, desde luego, no debe soslayarse que los medios alternativos de solución de conflictos pudieran operar en la causa y por lo tanto en ningún momento llegaría a una sentencia definitiva, sin embargo, este plazo debe señalarse, pues no en todos los casos logra concretarse una salida alterna.

3.1.1. Duración y cierre del plazo para la investigación complementaria.

El CNPP establece únicamente máximos en la duración del PCIC, dependiendo de la penalidad que asista al delito por el cual se vinculó a proceso, por lo que técnicamente no existe un mínimo al cual sujetarse, de tal suerte que si nos encontráramos en presencia de un delito de bagatela, en donde el ministerio público considerara que no tiene mayores diligencias que realizar, y no mediare oposición de la defensa, pudieran señalarse incluso unos cuantos días para el cierre de la investigación complementaria.

Límites para el PCIC

a. Máximo dos meses, cuando la pena máxima del delito es inferior a dos años.
b. Máximo seis meses, cuando la pena máxima del delito es superior a dos años.

Debe puntualizarse, que en caso de haberse señalado un lapso determinado para el cierre de la investigación complementaria, existe la posibilidad de que las partes concluyan antes de su vencimiento con las diligencias programadas, por lo que nada impide que el ministerio público solicite al juez de control el cierre anticipado, desde luego dentro de audiencia se resolverá lo conducente, escuchando a la víctima u ofendido y al imputado, quienes podrán manifestar su oposición o su conformidad. Al respecto se pronuncia el artículo 321 del CNPP:

Artículo 321. Plazo para la investigación complementaria

El Juez de control, antes de finalizar la audiencia inicial determinará previa propuesta de las partes el plazo para el cierre de la investigación complementaria.

El Ministerio Público deberá concluir la investigación complementaria dentro del plazo señalado por el Juez de control, mismo que no podrá ser mayor a dos meses si se tratare de delitos cuya pena máxima no exceda los dos años de prisión, ni de seis meses si la pena máxima excediera ese tiempo o podrá agotar dicha investigación antes de su vencimiento. Transcurrido el plazo para el cierre de la investigación, ésta se dará por cerrada, salvo que el Ministerio Público, la víctima u ofendido o el imputado hayan solicitado justificadamente prórroga del mismo antes de finalizar el plazo, observándose los límites máximos que establece el presente artículo.

> En caso de que el Ministerio Público considere cerrar anticipadamente la investigación, informará a la víctima u ofendido o al imputado para que, en su caso, manifiesten lo conducente.

De igual forma, pudiera presentarse la incidencia consistente en que el juzgado de control señalara un plazo inferior a los máximos establecidos, y que las partes no hayan logrado culminar con sus actividades de recolección, por lo que es viable solicitar la prórroga ante el juez de control, mismo que en audiencia, escuchando a la contrincante, determinará si la prórroga es justificada o no. Debe precisarse que solamente se podrá prorrogar el PCIC, lo que hubiese restado para llegar al máximo, por ejemplo, si primigeniamente si hubiesen señalado cuatro meses para el cierre, en caso de que una de las partes solicitara la prórroga justificada, solamente cabrían dos meses de ampliación, es decir, siempre deben observarse los límites previstos en el CNPP, tal y como lo determina el artículo 322 de este ordenamiento legal:

> **Artículo 322. Prórroga del plazo de la investigación complementaria**
>
> De manera excepcional, el Ministerio Público podrá solicitar una prórroga del plazo de investigación complementaria para formular acusación, con la finalidad de lograr una mejor preparación del caso, fundando y motivando su petición. El Juez podrá otorgar la prórroga siempre y cuando el plazo solicitado, sumado al otorgado originalmente, no exceda los plazos señalados en el artículo anterior.

Transcurrido el PCIC, sin que se haya solicitado su prórroga, o que habiéndose solicitado, esta haya fenecido, el ministerio público deberá emitir una acuerdo, en el que declarará cerrada la investigación complementaria. En caso de que el ministerio público sea omiso en emitir el acuerdo de referencia, las partes podrán acudir al juzgado de control, para notificar la inactividad de este órgano, por lo que el juzgado de control deberá "apercibir" al ministerio para que proceda al tal cierre. Sin embargo, este autor considera inadecuada la redacción del artículo 323 del CNPP, que establece el apercibimiento, sin embargo no se especifica en qué consistirá el mismo, por ejemplificar la laguna a que se hace mención, dentro del Código de Procedimientos Penales del Estado de Chihuahua, se establece claramente en el artículo 286, que en caso de que el ministerio público omita declarar cerrada la investigación, la víctima, ofendido o el imputado pueden acudir ante el juez de garantía, quien lo apercibirá para que la declare cerrada dentro de 10 días, o en su caso el mismo tribunal la declarará cerrada de plano. En el CNPP, el artículo 323 no especifica claramente cuál será la duración del apercibimiento, ni que ocurrirá en caso de que el ministerio público desacate el apercibimiento. En una interpretación amplia, pudiera concluirse que el **juzgado de control** tomará noticia de la omisión del ministerio público, y tendrá facultades para cerrar de plano la misma, sin embargo, no se especifica adecuadamente la dinámica del apercibimiento.

Artículo 323. Plazo para declarar el cierre de la investigación

Transcurrido el plazo para el cierre de la investigación, el Ministerio Público deberá cerrarla o solicitar justificadamente su prórroga al Juez de control, observándose los límites máximos previstos en el artículo 321.

Si el Ministerio Público no declarara cerrada la investigación en el plazo fijado, o no solicita su prórroga, el imputado o la víctima u ofendido podrán solicitar al Juez de **control que lo aperciba para que proceda a tal cierre.**

Transcurrido el plazo para el cierre de la investigación, ésta se tendrá por cerrada salvo que el Ministerio Público o el imputado hayan solicitado justificadamente prórroga del mismo al Juez.

Una vez que se haya declarado cerrada la investigación complementaria por parte del ministerio público (o ante la omisión del mismo, cerrada de plano por el juez de control), este tribunal emitirá un acuerdo en el que le otorgará un plazo de

15 días al ministerio público, para decidir si presentará acusación, solicitará el sobreseimiento de la causa, o considera que se ha actualizado alguna de las causales de sobreseimiento, tal y como lo dispone el artículo 324 del CNPP:

> **Artículo 324. Consecuencias de la conclusión del plazo de la investigación complementaria**
>
> Una vez cerrada la investigación complementaria, el Ministerio Público dentro de los quince días siguientes deberá:
>
> **I.** Solicitar el sobreseimiento parcial o total;
>
> **II.** Solicitar la suspensión del proceso,[36] o
>
> Formular acusación.

Ahora bien, en el supuesto de que se haya declarado cerrada la investigación, y se hayan otorgado los 15 días para proceder conforme al numeral analizado con anterioridad, sin que el ministerio público haya presentado alguna de las acciones previstas en las tres porciones normativas explicadas con anterioridad, el juzgado de control podrá aplicar un apercibimiento, que en esta ocasión sí resulta explicado de manera adecuada, ya que el órgano jurisdiccional deberá hacer del conocimiento del superior jerárquico del ministerio público, es decir del fiscal general, procurador o la persona en quien se delegue esta facultad, para efecto de que se pronuncie dentro de otros 15 días, y si fenecida esta nueva quincena de días, no hay pronunciamiento sobre la acusación, solicitud de sobreseimiento o suspensión, el tribunal declarará extinta la pretensión punitiva, y por consecuencia se decretará el sobreseimiento de la causa, lo anterior atentos a lo dispuesto por el arábigo 325 del CNPP.

---

36 Las causas de suspensión se encuentran previstas en el artículo 331 del CNPP.

> **Artículo 325. Extinción de la acción penal por incumplimiento del plazo**
>
> Cuando el Ministerio Público no cumpla con la obligación establecida en el artículo anterior, el Juez de control pondrá el hecho en conocimiento del Procurador o del servidor público en quien haya delegado esta facultad, para que se pronuncie en el plazo de quince días.
>
> Transcurrido este plazo sin que se haya pronunciado, el Juez de control ordenará el sobreseimiento.

Nótese que en el artículo 325 del CNPP, existe un apercibimiento, mismo que implica, en el supuesto de su desobediencia, al terminar el plazo indicado en la extinción de la acción penal y sobreseimiento de la causa. Que este ejemplo sirva para ratificar, la insuficiencia de la redacción del artículo 323 del mismo ordenamiento, en el que no se indica pertinentemente la dinámica del apercibimiento para declarar cerrada la investigación. Recordemos que se trata de actuaciones distintas, en un primer supuesto, se habla del agotamiento del plazo para el cierre de la investigación complementaria, en el que el ministerio público debe declararla cerrada. Luego de este último acuerdo de cierre de investigación, el juzgado de control conmina al ministerio público para que proceda a presentar acusación, solicitar el sobreseimiento o la suspensión del proceso. Teniendo esta última hipótesis una solución clara en caso de inactividad del ministerio público, no así la omisión de cierre de investigación.

Ahora bien, resulta evidente el ánimo del legislador, inherente a evitar la inactivad en el proceso, al establecer como causal de extinción de la pretensión punitiva la omisión del ministerio público para decidir sobre la presentación de la acusación, solicitud de sobreseimiento o suspensión luego del cierre de la investigación complementaria. No obstante, vale la pena reflexionar sobre la pertinencia de la misma, ya que un acto de omisión – ya sea por negligencia, mala fe, presiones externas, o incluso amenazas - de una sola de las partes (ministerio público) puede desembocar en la terminación del proceso, con graves consecuencias para la víctima u ofendido. En artículo 325 no otorga la posibilidad a la víctima u ofendido para pronunciarse y suplir la inactivad antes referida, simplemente se otorga un nuevo plazo de 15 días, al superior jerárquico del titular de la carpeta de investigación, para hacerlo y ante esta nueva inactividad se decretará la extinción de la pretensión punitiva. Consideramos que esta medida resulta demasiado drástica, ya que si bien es cierto se busca la celeridad del proceso, y evitar la paralización del mismo, pudieran existir otras alternativas, como fuertes multas a cargo de la parte inactiva y la superioridad jerárquica, o incluso el inicio de procedimientos administrativos o hasta penales para los omisos. Con esta reflexión se deja sobre la mesa la inquietud sobre tan fuerte determinación del CNPP, y resultará criterio del lector determinar si la extinción de la acción penal es o no, la medida adecuada para asegurar la debida consecución del proceso penal.

3.2. LA ETAPA INTERMEDIA.

Se ha explicado cómo es que la etapa de investigación complementaria comienza desde la formulación de imputación y finaliza hasta que el plazo para el cierre de la investigación se declara cerrado por parte del ministerio público. Ahora bien, de igual forma se ha hecho referencia a que una vez cerrada la investigación, el ministerio público debe decidir entre presentar acusación, solicitar el sobreseimiento o la suspensión del proceso. Esto significa, que en los dos últimos supuestos, evidentemente el proceso no continúa a su siguiente etapa. La siguiente etapa inicia únicamente cuando el ministerio público decide presentar el escrito de acusación, dando entonces origen a la etapa intermedia.

El artículo 334 del CNPP, plasma el objetivo de la etapa intermedia de la siguiente manera:

> **Artículo 334. Objeto de la etapa intermedia**
>
> La etapa intermedia tiene por objeto el ofrecimiento y admisión de los medios de prueba, así como la depuración de los hechos controvertidos que serán materia del juicio.
>
> Esta etapa se compondrá de dos fases, una escrita y otra oral. La fase escrita iniciará con el escrito de acusación que formule el Ministerio Público y comprenderá todos los actos previos a la celebración de la audiencia intermedia. La segunda fase dará inicio con la celebración de la audiencia intermedia y culminará con el dictado del auto de apertura a juicio.

Para efectos de esta obra, se propone la siguiente definición de etapa intermedia:

Definición. Es la etapa del proceso penal, que se encuentra dirigida por el juez de control, compuesta inicialmente por una fase escrita y continuada por otra oral, la primera se detonará con la presentación del escrito de acusación, y comprenderá el ofrecimiento y descubrimiento de los medios de prueba de cada una de las partes, la segunda consiste en la celebración de una audiencia cuyo objetivo general es la admisión de los medios de prueba ofrecidos, así como la depuración de los hechos controvertidos que serán materia del juicio, teniendo como terminación el auto de apertura a juicio oral.

Para continuar con la dinámica establecida en capítulos anteriores, se desglosará la siguiente definición en los siguientes elementos que facilitarán su comprensión:

1. **Etapa dirigida por el juez de control.** Este bloque procesal aún se encuentra presidido por el juzgado de control, así como lo fue la audiencia inicial (compuesta por control de detención, formulación de imputación, declaración del imputado, vinculación a proceso, imposición de me-

didas cautelares, señalamiento del plazo para el cierre de la investigación), y la investigación complementaria, esta etapa intermedia aún se encuentra sometida a la dirección de un juez de control, de hecho, si no existen formas alternativas de solución de conflictos o mecanismos de aceleración como el procedimiento abreviado, esta etapa intermedia será la última que presida este juzgado de control, para que una vez finalizada, ceda jurisdicción a un tribunal distinto, llamado tribunal de enjuiciamiento.

2. **Se compone por una fase escrita y otra oral.** En efecto, la determinación del ministerio público consistente en presentar acusación, se plasma por escrito, en un documento que deberá contener un capitulado muy preciso que se analizará en líneas posteriores. Una vez presentado el escrito de acusación, deberá correrse traslado a las partes para que también mediante escrito, hagan valer sus pretensiones, paralelamente se abrirá el periodo denominado "descubrimiento probatorio", que consiste en la entrega material de los registros (acceso a los mismos), con los que cada parte cuente. Todas estas diligencias se realizan fuera de audiencia, razón por las que se les llama fase escrita. Una vez agotados los traslados y el descubrimiento probatorio (fase que será explicada con mayor detalle en líneas posteriores), deberá citarse a las partes a una audiencia oral, que suele llamarse en estricto sentido 'audiencia intermedia' (la 'audiencia' intermedia es la fase oral de la 'etapa' intermedia).

3. **La fase oral tiene como objetivo fundamental la admisión de medios de prueba.** En efecto, una vez constituidos ante el juzgado de control, para llevarse a cabo la audiencia intermedia. De manera medular el ministerio público deberá exponer de forma oral su escrito de acusación, explicando el punto de cada una de los medios de prueba que ofreció y que pretende desahogar una vez llegado el juicio oral. Examinadas las pruebas se abrirá

debate en el que las partes tengan la oportunidad de solicitar fundada y motivadamente, que se excluyan medios de prueba ofrecidos por el Ministerio Público, cuando consideren que resulte procedente. A su vez, la víctima u ofendido, o su asesor jurídico expondrán de forma oral sus pretensiones planteadas por escrito, así como seguidamente llegará la oportunidad de la defensa para hacer la exposición respectiva. Desde luego los ofrecimientos de prueba de las ultimas partes mencionadas, también pueden ser debatidos, y solicitar su exclusión por la parte de la contraria. En cuanto a los ofrecimientos, debe destacarse que serán aquellos medios que sean seleccionados, de los que fueron recolectados desde la investigación inicial, y durante todo el transcurso de la investigación complementaria. Cada parte ofrecerá las pruebas que considere fortalezcan o favorezcan a su respectiva teoría del caso.

4. **Terminación de la etapa intermedia.** La etapa intermedia encuentra su final (en caso de no existir salida alterna o procedimiento abreviado), en el auto de apertura a juicio oral. Siendo este auto una frontera o parteaguas entre la etapa intermedia y el juicio oral en estricto sentido. Asimismo, se pone fin a la jurisdicción del juzgado de control, para cederla al tribunal de enjuiciamiento.

3.2.1. Definición y contenido del escrito de acusación.

Definición. Es el documento redactado por el agente del ministerio público, y dirigido al juzgado de control, con las respectivas copias de traslado para cada una de las partes, que indica la intención del primero de los mencionados para continuar con el proceso penal, luego de haber concluido el PCIC, por considerar que existen elementos aptos y suficientes para iniciar un juicio oral o abreviado en contra del acusado.

Ahora bien, en esta ocasión no se ofrecerán elementos de la definición, que resulta clara por sí misma, sino que se explicará a detalle el contenido formal del escrito de acusación, mismo que se expone con meridiana claridad en el dispositivo 335 del CNPP:

I. La individualización del o los acusados y de su Defensor. Para efectos de esta fracción, podemos interpretar que basta el nombre completo y domicilio de los acusados y sus defensores. Lo anterior para efectos de facilitar al juzgado de control la entrega de las copias de traslado correspondientes y las siguientes notificaciones.

II. La identificación de la víctima u ofendido y su Asesor jurídico. De la misma forma en que se corren traslados al acusado y su defensor, debe entregarse copia del escrito de acusación a la víctima u ofendido y al asesor jurídico. Ya que estas partes pueden solicitar correcciones al escrito, o incluso realizar adiciones al mismo (complementar la acusación) como se analizará más adelante.

III. La relación clara, precisa, circunstanciada y específica de los hechos atribuidos en modo, tiempo y lugar, así como su clasificación jurídica. Esta parte del escrito consiste en una breve descripción de los hechos materia de la acusación, una especie de sinopsis, o relato que imponga al lector de las generalidades del drama penal que se ventila.

No debe soslayarse que el penúltimo párrafo del artículo 335 del CNPP, determina que: "*La acusación sólo podrá formularse por los hechos y personas señaladas en el auto de vinculación a proceso, aunque se efectúe una distinta clasificación, la cual deberá hacer del conocimiento de las partes.*" Siendo natural que el legislador contemple la posibilidad de que, durante el PCIC, aparezcan elementos que puedan impactar sensiblemente en la clasificación jurídica preliminar, por lo que sin alteración de las situaciones fácticas esenciales, es viable que el ministerio público presente acusación por una clasificación jurídica distinta a la otorgada desde la vinculación a proceso.

*IV. **La relación de las modalidades del delito que concurrieren.*** En caso de que existan circunstancias que modifiquen la responsabilidad penal del acusado, como agravantes o atenuantes debe plasmarse en esta parte del escrito. Si no existen están modalidades, basta con precisar que a criterio de la representación social no existen modalidades especiales que precisar.

*V. **La autoría o participación concreta que se atribuye al acusado.*** Debe puntualizarse el papel que desempeñó el acusado en el delito particular, ya sea como autor material, intelectual, coautor, autor mediato, instigador, cómplice o encubridor.

VI. La expresión de los preceptos legales aplicables. En esta parte deben invocarse los fundamentos de derecho tanto sustantivos como adjetivos que apliquen al caso concreto. Sería como el capítulo que los civilistas llaman "derecho" en sus demandas.

VII. El señalamiento de los medios de prueba que pretenda ofrecer, así como la prueba anticipada que se hubiere desahogado en la etapa de investigación. En este apartado, el ministerio público deberá de enlistar los medios de prueba que ofrecerá, y que, de ser admitidos por el juez de control en la fase oral de la etapa intermedia, se desahogarán hasta la audiencia de debate de juicio oral. Aunque la norma jurídica no lo exige, se sugiere clasificar los medios de prueba en apartados, verbigracia, abrir un capítulo para prueba testimonial[37] (en donde se deberá incluir a la víctima y

---

[37] El último párrafo del artículo 335 del CNPP, establece que: "Si el Ministerio Público o, en su caso, la víctima u ofendido ofrecieran como medios de prueba la declaración de testigos o peritos, debe-

a los agentes policiales, además de los testigos en estricto sentido), otro capítulo para la prueba documental, otro capítulo para la prueba pericial, y así sucesivamente para la evidencia material, u otros medios como series fotográficas, o grabaciones de video o audio. Esto permitirá un mejor orden para el ofrecimiento de medios de prueba durante la fase oral de la etapa intermedia.

VIII. ***El monto de la reparación del daño y los medios de prueba que ofrece para probarlo.*** El ministerio público deberá de indicar al tribunal el concepto y monto de la reparación del daño que se encuentre exigiendo en favor de la víctima o de los ofendidos, así como el caudal probatorio que se encuentre específicamente direccionado para acreditar este tópico, como por ejemplo un pericial valorativo de daños materiales, este último no acreditará la identidad del acusado, ni su forma de autoría de o participación, sino que su utilidad únicamente radica en realizar una cuantificación, razón por la que se ofrece y eventualmente se desahogará por cuerda separada al resto del caudal probatorio.

IX. ***La pena o medida de seguridad cuya aplicación se solicita incluyendo en su caso la correspondiente al concurso de delitos.*** Recordemos que en el sistema acusatorio, el ministerio público es quien solicita específicamente la aplicación de una pena determinada al órgano jurisdiccional, por lo que desde este momento se realiza formalmente la solicitud, para en caso de que se emita una sentencia condenatoria.

X. ***Los medios de prueba que el Ministerio Público pretenda presentar para la individualización de la pena y en su caso, para la procedencia de sustitutivos de la pena de prisión o suspensión***

---

rán presentar una lista identificándolos con nombre, apellidos, domicilio y modo de localizarlos, señalando además los puntos sobre los que versarán los interrogatorios."

de la misma. En este apartado, se pueden ofrecer pruebas que permitan advertir el perfil del acusado en particular, con la finalidad de que el órgano jurisdiccional, en caso de sentencia condenatoria, se encuentre en posibilidad de realizar una mejor individualización de la pena o de la medida de seguridad dentro de los parámetros mínimos y máximos que la norma jurídica sustantiva establezca.

XI. La solicitud de decomiso de los bienes asegurados. El decomiso es la aplicación en favor del estado de bienes relacionados con el hecho criminoso. En caso haberse asegurado instrumentos o productos ilícitos en sí mismos, o peligrosos, estos deberán de decomisarse, por lo que deben de especificarse desde el escrito de acusación. Puede darse el caso de que no existan bienes susceptibles de decomiso, por lo que en esta hipótesis, se especificará en el mismo documento la ausencia de objetos de esta naturaleza.

XII. La propuesta de acuerdos probatorios. En la fase oral de la etapa intermedia, el juzgado de control podrá autorizar, a solicitud de las partes, hechos que no serán discutidos o controvertidos en la futura audiencia de debate. Lo anterior con la finalidad de simplificar el juicio oral y centrar la atención en hechos de verdaderamente cuestionables. Si bien es cierto, el ministerio público puede proponer desde el escrito de acusación acuerdos probatorios, para su perfeccionamiento, deberán de exponerse en la fase oral de la intermedia, y ratificarse por la defensa. Igualmente, en caso de que al momento de la presentación del escrito de acusación no existan acuerdos probatorios que proponer, nada impide que se realicen espontáneamente en la fase verbal de la intermedia. Es decir, no es necesario que se anuncien desde el escrito de acusación, ya que pueden surgir con posterioridad a su redacción.

XIII. La solicitud de que se aplique alguna forma de terminación anticipada del proceso cuando ésta proceda. En caso de que el ministerio público no desee que se cite a las partes para una audiencia intermedia, sino a un procedimiento abreviado, lo puede anunciar desde el escrito de acusación. Desde luego nada impide que, en caso no haberse solicitado desde este escrito, se solicite el procedimiento abreviado con posterioridad, siempre que no se haya dictado el auto de apertura a juicio oral.

Resulta de importancia señalar los pasos procesales posteriores a la presentación del escrito de acusación elaborado por el agente del ministerio público, aparecen en nuestro escenario jurídico dentro del arábigo 336 del CNPP:

Artículo 336. Notificación de la Acusación.

Una vez presentada la acusación, el Juez de control ordenará su notificación a las partes al día siguiente. Con dicha notificación se les entregará copia de la acusación.

3.2.2. El descubrimiento probatorio.

El descubrimiento probatorio es una de las fases más cuestionadas del CNPP, por lo que inicialmente nos encargaremos de realizar una descripción y explicación del mismo, para que con posterioridad tengamos la oportunidad de pronunciarnos respecto de la pertinencia o impertinencia de la existencia de esta fase.

Definición. El descubrimiento probatorio es una figura procesal, que consiste medularmente en la obligación que tienen las partes de darse a conocer entre ellas, los medios de prueba que pretendan desahogar en la audiencia de juicio, lo que se actualiza a través de la entrega material de los registros de investigación recabados, o en su caso, permitiendo el acceso a la evidencia material.

Fundamenta la definición antes ofrecida, el contenido del numeral 337 del CNPP:

Artículo 337. Descubrimiento probatorio

El descubrimiento probatorio consiste en la obligación de las partes de darse a conocer entre ellas en el proceso, los medios de prueba que pretendan ofrecer en la audiencia de juicio. En el caso del Ministerio Público, el descubrimiento comprende el acceso y copia a todos los registros de la investigación, así como a los lugares y objetos relacionados con ella, incluso de aquellos elementos que no pretenda ofrecer como medio de prueba en el juicio. En el caso del imputado o su defensor, consiste en entregar materialmente copia de los registros al Ministerio Público a su costa, y acceso a las evidencias materiales que ofrecerá en la audiencia intermedia, lo cual deberá realizarse en los términos de este Código.

El Ministerio Público deberá cumplir con esta obligación de manera continua a partir de los momentos establecidos en el párrafo tercero del artículo 218 de este Código, así como permitir el acceso del imputado o su Defensor a los nuevos elementos que surjan en el curso de la investigación, salvo las excepciones previstas en este Código.

La víctima u ofendido, el asesor jurídico y el acusado o su Defensor, deberán descubrir los medios de prueba que pretendan ofrecer en la audiencia del juicio, en los plazos establecidos en los artículos 338 y 340, respectivamente, para lo cual, deberán entregar materialmente copia de los registros y acceso a los medios de prueba, con costo a cargo del Ministerio Público. Tratándose de la **prueba pericial**, se deberá entregar el informe respectivo al momento de descubrir los medios de prueba a cargo de cada una de las partes, salvo que se justifique que aún no cuenta con ellos, caso en el cual, deberá descubrirlos **a más tardar tres días antes** del inicio de la **audiencia intermedia.**

En caso que el acusado o su defensor, requiera más tiempo para preparar el descubrimiento o su caso, podrá solicitar al Juez de control, antes de celebrarse la audiencia intermedia o en la misma audiencia, le conceda un **plazo razonable**[38] y justificado para tales efectos.

Como se puede apreciar del artículo 337 del CNPP, antes transcrito debemos separar:

a. **El descubrimiento probatorio del ministerio público**. comprende el acceso y copia a todos los registros de la investigación, así como a los lugares y objetos relacionados con ella, incluso de aquellos elementos que no pretenda ofrecer como medio de prueba en el juicio. Se desprende por remisión al artículo 218 del CNPP, que en todo tiempo desde la investigación, el ministerio público debe descubrir sus pruebas a la defensa.

b. **El descubrimiento probatorio con cargo a la defensa, acusado, víctima u ofendido y/o asesor jurídico.** Consiste en entregar a las partes, copia de los registros de investigación de los medios de prueba que se pretenden desahogar en la audiencia de juicio, así como, permitir el acceso a las evidencias materiales encaminadas al mismo fin. En cuanto a los plazos para efectuar tal descubrimiento, en el artículo 337 del CNPP se remite a los previstos en los numerales 339 y 340 del CNPP, entendiéndose que correrán simultáneos con la facultad que tienen las partes para señalar vicios u ofrecer sus medios de prueba

Del estudio del arábigo 337 del CNPP se desprende el espíritu de la figura, buscar una igualdad entre las partes, de conocer el contenido de los medios de pruebas que se pretende sean desahogados en el juicio oral, lo que permitirá llevar a cabo un debate más acucioso de pertinencia y admisibilidad de dichos medios, y construir de una mejor manera la teoría del caso de cada una de las partes.

---

[38] Esta frase, deja como facultad discrecional al Tribunal el señalamiento del plazo, lo que se torna riesgoso.

Sin embargo, también se desprende que el legislador pareciera dotar a la defensa y asesoría jurídica de la facultad de efectuar actos de investigación y recabar registro de los mismos, para poder ofrecerlos y posteriormente desahogarlos en audiencia de juicio, sin embargo, no encontramos en el CNPP un apartado encaminado a hacerse cargo del desarrollo de dicha facultad, lo que conlleva a un vacío respecto a la forma en que las partes previamente enunciadas, deberían materializar tal atribución, pues el arábigo 337 del CNPP, únicamente describe que el "descubrimiento" deberá efectuarse en los términos del Código, sin individualizarse formas en concreto en que la defensa o la asesoría jurídica deberán llevar a cabo., el aseguramiento de evidencia, la entrevista de un testigo, la toma de una muestra biológica, o cualquier otro acto de meridiana complejidad, ante la ausencia de la intervención ministerial.

De lo previamente enunciado, se desprende que hay una escasa regulación de esta figura, lo que ha dado lugar a severas críticas de algunos detractores, como lo sería Benavente Chorres, quien señala:

> *"A partir de las iniciativas hacia un código único, se introduce el proceso de descubrimiento. Figura procesal que surge con la iniciativa de Código de Procedimientos Penales del Senado. Es – como toda institución sajona que se enfrenta a la dogmática continental – una figura procesal con muy poca personalidad pues, sin que haya nacido a la luz sino con este Código Nacional, ya ha sufrido varias modificaciones.*[39]

Por ello, es que, partir de la entrada en vigor y aplicación de la legislación procesal en estudio, se han integrado diversos criterios que han pretendido solventar la ambigüedad respec-

---

39 **BENAVENTE CHORRES,** Hesbert, et. Al., "Código Nacional de Procedimientos Penales Comentado, Guía práctica, comentarios, doctrina, jurisprudencia y formularios", 2° Ed., Editorial Flores, México, 2015, pág. 900.

to al tema, como lo sería, la tesis asilada con número registro 2023623, de los Tribunales Colegiados de Circuito, de fecha octubre de 2021, que textualmente señala:

> ***DESCUBRIMIENTO PROBATORIO DE LA PRUEBA TESTIMONIAL EN EL SISTEMA PENAL ACUSATORIO. LOS REGISTROS QUE EL IMPUTADO O SU DEFENSOR ESTÁN OBLIGADOS A ENTREGAR MATERIALMENTE AL MINISTERIO PÚBLICO, DEBEN REUNIR LOS REQUISITOS Y SEGUIR LAS REGLAS QUE ESTABLECEN LOS ARTÍCULOS 217 Y 335, ÚLTIMO PÁRRAFO, DEL CÓDIGO NACIONAL DE PROCEDIMIENTOS PENALES.***
>
> *De la interpretación sistemática de los artículos* ***337, 340 y 346 del Código Nacional de Procedimientos Penales****, se advierte que el descubrimiento probatorio consiste en la obligación de las partes de darse a conocer entre ellas en el proceso, los medios de prueba que pretendan ofrecer en la audiencia de juicio y, tratándose del imputado y su defensor, su obligación es entregar materialmente al Ministerio Público copia de los registros y acceso a las evidencias materiales que ofrecerán en la audiencia intermedia, sin que esos registros se refieran exclusivamente a los datos de prueba que obran en la carpeta de investigación, sino también con los que aquéllos cuenten a fin de acreditar su hipótesis de inocencia o para controvertir la de acusación en ejercicio de su derecho de defensa, es decir, el imputado y su defensor pueden llevar a cabo su propia indagación e integrar su carpeta de registros con las investigaciones realizadas, ya no a través del fiscal, sino por ellos mismos para la demostración de los hechos que, en su caso, pretendan evidenciar. En este último supuesto, tratándose de la prueba testimonial, los registros que sean recabados por el imputado o su defensa deben reunir los requisitos y seguir las reglas que establecen los artículos* ***217 y 335, último párrafo, del Código Nacional de Procedimientos Penales****, pues así está dispuesto en el precepto 337 mencionado, que establece que los registros que se entregarán al representante social deben realizarse "en los términos que establece el propio código", es decir, deben contener la firma de quienes hayan intervenido o, en su defecto, su huella o la razón de por qué no quisieron firmar, así como la indicación de la fecha, hora y lugar en que se haya efectuado, identificación del testificante, una breve descripción de la actuación y, en su caso, sus resultados, debiendo presentar una lista identificando a los testigos con nombre, apellidos, domicilio y modo de localizarlos, señalando, además, los puntos*

> *sobre los que versarán los interrogatorios. Consecuentemente, la falta de esos requisitos en la obtención y, en su momento, en el ofrecimiento de la prueba testimonial en la fase escrita de la etapa intermedia del procedimiento penal acusatorio, tiene como consecuencia que el Juez de Control válidamente pueda excluirla conforme al artículo 346, fracción IV, del referido código.*

Conviene analizar la tesis aislada, con número de registro 2026204, de los Tribunales Colegiados de Circuito, de fecha marzo de 2023, en la que se enuncia:

> ***DESCUBRIMIENTO PROBATORIO EN EL SISTEMA PENAL ACUSATORIO. LA DEFENSA TIENE LA CARGA DE LLEVAR EL REGISTRO DE LOS ACTOS DE INVESTIGACIÓN QUE REALICE Y, EN CASO DE ESTAR RELACIONADOS CON ALGÚN MEDIO DE PRUEBA QUE OFRECERÁ EN LA ETAPA INTERMEDIA, DESCUBRIRLOS PARA QUE LAS PARTES PUEDAN ALEGAR ALGUNA CAUSA DE EXCLUSIÓN PROBATORIA EN LA AUDIENCIA INTERMEDIA O PREPARAR OPORTUNAMENTE SU EXAMEN Y CONTRAEXAMEN EN EL JUICIO ORAL.***
>
> *Hechos: En la audiencia intermedia el Juez de Control excluyó las testimoniales ofrecidas por la defensa del acusado, al considerar que no realizó su descubrimiento probatorio en la forma y plazos establecidos en los artículos 337 y 340 del Código Nacional de Procedimientos Penales, en virtud de que no entregó al Ministerio Público copia de las entrevistas realizadas a sus testigos; decisión que fue confirmada en apelación.*
>
> *Criterio jurídico: Este Tribunal Colegiado de Circuito determina que para cumplir con el principio de contradicción que rige al proceso penal acusatorio, la defensa del acusado tiene la carga de llevar el registro de los actos de investigación que realice y, en caso de estar relacionados con algún medio probatorio que ofrecerá en la etapa intermedia, descubrirlos a su contraparte a través de la entrega material de la copia de las entrevistas, informes periciales o documentales, así como dar acceso a la evidencia material que pretenda ofrecer para ser desahogada en el juicio oral, lo cual debe realizarse dentro de los plazos establecidos para tal efecto, a fin de que las partes puedan alegar alguna causa de exclusión probatoria en la audiencia intermedia, o bien, preparar oportunamente su examen y contraexamen en el juicio oral.*

> *Justificación: El artículo 20 de la Constitución Política de los Estados Unidos Mexicanos dispone que el proceso penal acusatorio se regirá, entre otros, por el principio de contradicción que instituye, entre otras cosas, que las partes deben conocer los medios de prueba para estar en posibilidad de controvertirlos y contradecirlos. Por su parte, el artículo 337 del Código Nacional de Procedimientos Penales regula el descubrimiento probatorio que consiste en la obligación de las partes de darse a conocer entre ellas en el proceso los medios de prueba que pretenden ofrecer en la audiencia de juicio oral. Para el acusado y su defensa consiste en entregar materialmente copia de los registros y acceso a las evidencias materiales que ofrecerán en la audiencia intermedia, con costo a cargo del Ministerio Público, dentro del plazo que establece el artículo 340 de la legislación citada. En ese sentido, la defensa del imputado tiene la obligación de llevar el registro de los actos de investigación que realice y, en caso de tener relación con algún medio probatorio que ofrezca en la etapa intermedia, descubrirlos a su contraparte a través de la entrega material de la copia de las entrevistas realizadas a sus testigos y, de ser documentales o periciales, compartir copia de esos documentos y del informe pericial respectivo, así como permitir el acceso a la evidencia material que pretenda ofrecer para ser desahogada en el juicio oral, a fin de que las partes, en atención al principio de contradicción, puedan alegar alguna causa de exclusión probatoria en la audiencia intermedia, o bien, preparar oportunamente su examen y contraexamen en el juicio oral.*

Del análisis de los anteriores criterios, obtenemos mayor claridad, respecto a que la pretensión del legislador, sí fue la de dotar a la defensa y la asesoría jurídica de la facultad de desarrollar actos de investigación que permitieran complementar sus respectivas teorías del caso, aun sin la intervención del ministerio público. Sin embargo, se reitera, un tópico tan complejo debió encontrarse expresamente regulado, para no dejar lugar a interpretaciones o dudas.

Si consideramos con el análisis realizado del artículo 337 del CNPP, que existen dudas sobre la correcta regulación del descubrimiento probatorio, falta descifrar el contenido del artículo 338 del mismo cuerpo legal, que explica o trata de explicar, las facultades conferidas a la víctima u ofendido luego de que han recibido el traslado de la acusación:

Artículo 338. Coadyuvancia en la acusación

Dentro de los tres días siguientes de la notificación de la acusación formulada por el Ministerio Público, la víctima u ofendido podrán mediante escrito[40]:

I. Constituirse como coadyuvantes en el proceso;

II. Señalar los vicios formales de la acusación y requerir su corrección;

III. Ofrecer los medios de prueba que estime necesarios para complementar la acusación del Ministerio Público, de lo cual se deberá notificar al acusado;[41]

IV. Solicitar el pago de la reparación del daño y cuantificar su monto.

El artículo 338, otorga facultades de vital importancia dentro del sistema acusatorio y oral a la víctima u ofendido, mismas que se traducen en la posibilidad de presentar una acusación diversa a la presentada por el agente del ministerio[42], lo que implicaría una tercera teoría del caso dentro de un futuro

---

[40] En los términos del artículo 336, al día siguiente de presentada la acusación por el M.P., el Tribunal debe notificar a las partes.

[41] No se establece plazo expreso para este traslado, empero, el artículo 339 establece que las formalidades establecidas para la acusación del M.P., serán aplicables a la solicitud de la coadyuvancia, por lo que el traslado a las partes, al día siguiente de su presentación será aplicable.

[42] Tomando en todo momento en consideración el Artículo 339 del mismo CNPP, que establece las reglas generales para la coadyuvancia: Si la víctima u ofendido se constituyera en coadyuvante del Ministerio Público, le serán aplicables en lo conducente las formalidades previstas para la acusación de aquél. El Juez de control deberá correr traslado de dicha solicitud a las partes.

juicio oral, es decir, la postura del ministerio público, la de la defensa, y la de la coadyuvancia.

En efecto, las fracciones I, II, III y IV del artículo 338, se refieren a la facultad de la víctima para ejercer un papel activo dentro las siguientes etapas, incluso la detección de errores contenidos en la acusación, y solicitar simplemente su corrección, hasta incluso realizar su propia petición sobre la reparación del daño, y ofrecimiento propio de pruebas para complementar la acusación del órgano persecutor, a todas las actuaciones ya mencionadas, le serán aplicables las formalidades establecidas para el ministerio público, como lo refiere el numeral 339 del CNPP:

> **Artículo 339. Reglas generales de la coadyuvancia.**
>
> Si la víctima u ofendido se constituyera en coadyuvante del Ministerio Público, le serán aplicables en lo conducente las formalidades previstas para la acusación de aquél. El Juez de control deberá correr traslado de dicha solicitud a las partes.
>
> La coadyuvancia en la acusación por parte de la víctima u ofendido no alterará las facultades concedidas por este Código y demás legislación aplicable al Ministerio Público, ni lo eximirá de sus responsabilidades.
>
> Si se trata de varias víctimas u ofendidos podrán nombrar un representante común, siempre que no exista conflicto de intereses.

Ya se ha precisado, que al día siguiente de la presentación del escrito de acusación, el Tribunal debe notificar y correr traslado a las partes; asimismo que dentro de los tres días si-

---

La coadyuvancia en la acusación por parte de la víctima u ofendido no alterará las facultades concedidas por este Código y demás legislación aplicable al Ministerio Público, ni lo eximirá de sus responsabilidades. Si se trata de varias víctimas u ofendidos podrán nombrar un representante común, siempre que no exista conflicto de intereses.

guientes a la notificación de la acusación que reciba la víctima u ofendido, esta podrá asumir un papel activo complementándola o señalando vicios de la misma. Ahora bien, vencido el plazo antes mencionado, correrá uno distinto, de diez días, pero esta vez para efecto de que la defensa se pronuncie en torno a las facultades que le confiere el dispositivo 340 del CNPP:

> **Artículo 340. Actuación del imputado en la fase escrita de la etapa intermedia**
>
> **Dentro de los diez días siguientes a que fenezca el plazo para la solicitud de coadyuvancia de la víctima u ofendido**, el acusado o su Defensor, mediante escrito dirigido al Juez de control, podrán:
>
> **I.** Señalar vicios formales del escrito de acusación y pronunciarse sobre las observaciones del coadyuvante y si lo consideran pertinente, requerir su corrección. No obstante, el acusado o su Defensor podrán señalarlo en la audiencia intermedia;
>
> **II.** Ofrecer los medios de prueba que pretenda se desahoguen en el juicio;
>
> **III.** Solicitar la acumulación o separación de acusaciones, y
>
> **IV.** Manifestarse sobre los acuerdos probatorios.
>
> **El escrito del acusado o su Defensor se notificará al Ministerio Público y al coadyuvante dentro de las veinticuatro horas siguientes a su presentación.**

Ahora bien, independientemente de los plazos los que se refieren los artículos anteriores, desde el momento mismo en que el juzgado de Control tiene por recibida la acusación y ordena notificar a las demás partes, debe señalarse fecha para la audiencia intermedia, en los términos del numeral 341 del CNPP:

Artículo 341. Citación a la audiencia

El Juez de control, en el mismo auto en que tenga por presentada la acusación del Ministerio Público, señalará fecha para que se lleve a cabo la audiencia intermedia, **la cual deberá tener lugar en un plazo que no podrá ser menor a treinta ni exceder de cuarenta días naturales a partir de presentada la acusación.**[43]

Previa celebración de la audiencia intermedia, el Juez de control podrá, por una sola ocasión y a solicitud de la defensa, diferir, hasta por diez días, la celebración de la audiencia intermedia. Para tal efecto, la defensa deberá exponer las razones por las cuales ha requerido dicho diferimiento.

3.3. LA FASE ORAL DE LA ETAPA INTERMEDIA, O 'AUDIENCIA INTERMEDIA EN ESTRICTO SENTIDO'.

Una vez que se hayan agotado las notificaciones de la acusación, y hayan fenecido los plazos para realizar las actuaciones complementarias de la víctima, ofendido y la defensa, solo resta esperar la fecha para la celebración de la audiencia intermedia, que como ha quedado debidamente explicado, se verificará de treinta a cuarenta días posteriores a la fecha en la que se presentó la acusación.

En cuanto a la mecánica o desarrollo de la audiencia intermedia, de manera esencial podemos advertir que al ser el auto de apertura a juicio oral lo que pone fin a la fase verbal de la etapa intermedia, entonces podemos válidamente sostener, que una forma de iniciar pertinentemente la fase oral de la etapa intermedia es precisamente que el juez de control verifique si no se han concretado medios alternativos de solución

[43] Plazo suficiente para agotar las notificaciones a las que se refieren los artículos337, 338 y 340.

de conflictos, ya que en caso de desarrollarse la audiencia intermedia y emitirse el auto de apertura a juicio oral, se tornaría imposible la concretización de algún acuerdo reparatorio o suspensión condicional del proceso, al igual que la solicitud de un procedimiento abreviado.

Seguidamente, el juez de control debe de verificar la asistencia de las partes, pero particularmente del ministerio público y el abogado defensor, en virtud de que la inmediación en esta audiencia resulta ineludible, lo anterior atentos a lo dispuesto en el numeral 342 del CNPP:

> **Artículo 342. Inmediación en la audiencia intermedia**
>
> La audiencia intermedia será conducida por el Juez de control, quien la presidirá en su integridad y se desarrollará oralmente. Es indispensable la presencia permanente del Juez de control, el Ministerio Público, y el Defensor durante la audiencia.
>
> La víctima u ofendido o su Asesor jurídico deberán concurrir, pero su inasistencia no suspende el acto, aunque si ésta fue injustificada, se tendrá por desistida su pretensión en el caso de que se hubiera constituido como coadyuvante del Ministerio Público.

Luego de verificar la asistencia de las partes e individualizarlos adecuadamente, así como determinar si efectivamente no se ha de concretizar, una salida alterna, el desarrollo de la fase oral de la etapa intermedia será en los términos del numeral 344 del CNPP:

> **Artículo 344. Desarrollo de la audiencia**
>
> Al inicio de la audiencia el Ministerio Público realizará una exposición resumida de su acusación, seguida de las exposiciones de la víctima u ofendido y el acusado por sí o por conducto de su Defensor; acto seguido las partes podrán deducir cualquier incidencia que consideren relevante presentar. Asimismo, la Defensa promoverá las excepciones que procedan conforme a lo que se establece en este Código.

> Desahogados los puntos anteriores, y posterior al establecimiento en su caso de acuerdos probatorios, el Juez se cerciorará de que se ha cumplido con el descubrimiento probatorio a cargo de las partes y, en caso de controversia abrirá debate entre las mismas y resolverá lo procedente.
>
> Si es el caso que el Ministerio Público o la víctima u ofendido ocultaron una prueba favorable a la defensa, el Juez en el caso del Ministerio Público procederá a dar vista a su superior para los efectos conducentes. De igual forma impondrá una corrección disciplinaria a la víctima u ofendido.

El dispositivo antes aludido puede ser desglosado y explicado de la siguiente manera:

1.- **Exposición sintética de la acusación.** En este momento, el ministerio público expondrá de manera verbal el contenido del escrito de acusación, por lo que la información que este contenga finalmente se expondrá oralmente ante un juez de control.

2.- **Oportunidad de la víctima u ofendido para complementar la acusación.** En caso de que la víctima u ofendido hayan hecho valer los derechos contenido en el artículo 338 del CNPP, tendrán la oportunidad, al finalizar la intervención del ministerio público de realizar su exposición verbal, para complementar la acusación.

3.- **Oportunidad de la defensa para plantear incidencias.** El CNPP, no precisa o enuncia el tipo de incidencias susceptibles de ser planteadas en la audiencia intermedia, lo que permite cualquier tipo de inquietud por parte de la defensa. Por ejemplo, el Código de Procedimiento Penales del Estado de Chihuahua, establece en su artículo 305, que algunas de las cuestiones analizables en esta audiencia pueden ser la incompetencia, la litispendencia, la cosa juzgada, cualquier otra causa de extinción de la pretensión punitiva, o incluso falta de algún requisito de procedibilidad. Incluso, por la experiencia en la operación del sistema penal acusatorio, hemos tenido la oportunidad de advertir, como en algunas causas penales en las que existe un auto de vinculación a proceso firme, y luego del plazo para el cierre de la investigación complementaria, resulta hasta la audiencia intermedia, en la que se advierte alguna causal de incompetencia, misma que hace necesaria la declinación al órgano jurisdiccional competente. Desde luego esto por fortuna no resulta frecuente, sin embargo, debe preverse la posibilidad explicada. Por lo que resulta pertinente, que el juez de control, antes de conceder la palabra al ministerio público para exponer verbalmente su acusación, pregunte si existen incidencias o cuestiones especiales por analizar, y no en el orden en el que se redacta el artículo 344 del CNPP, en el que se coloca la posibilidad de planteamiento de incidencias luego de la exposición de la acusación, ya que no tendría sentido realizar este paso, si con posterioridad se planteará la incidencia, sería como solicitar medidas cautelares antes de la vinculación a proceso, aún y cuando se haya renunciado al plazo constitucional.

4.- **Oportunidad de la defensa para ofrecer sus pruebas.** Acto seguido, si la defensa ofreció pruebas en la fase escrita de la etapa intermedia, se encontrará en aptitud de exponerlas de manera oral, con la finalidad de que previamente sean admitidas por el juzgado de control, ya que toda prueba que no sea admitida no podrá desahogarse en la siguiente etapa, a menos que sea superveniente.

5.- **Debate sobre solicitud de exclusión de pruebas.** La defensa podrá pronunciarse sobre la pretensión consistente en que el juez de control no admita, o dicho en otras palabras, excluya alguna o algunas de las pruebas ofrecidas por el ministerio público, desde luego, el ministerio público, en atención al principio de contradicción, tendrá oportunidad de argumentar en favor de sus pruebas ofrecidas. Igualmente el órgano acusador, tendrá oportunidad de pronunciarse sobre la pretensión de excluir pruebas ofrecidas por la defensa.[44]

6.- Posibilidad de las partes para celebrar acuerdos probatorios. La figura de acuerdos probatorios consiste en el pacto realizado entre el ministerio público, y la defensa, sin oposición de la víctima u ofendido, en presencia del juez de control y durante la fase oral de la etapa intermedia, con la finalidad de establecer clara, puntual y precisamente, situaciones fácticas que puedan tenerse por acreditadas en juicio oral, lo que significa que serán

---

[44] Artículo 346. Exclusión de medios de prueba para la audiencia del debate Una vez examinados los medios de prueba ofrecidos y de haber escuchado a las partes, el Juez de control ordenará fundadamente que se excluyan de ser rendidos en la audiencia de juicio, aquellos medios de prueba que no se refieran directa o indirectamente al objeto de la investigación y sean útiles para el esclarecimiento de los hechos, así como aquellos en los que se actualice alguno de los siguientes supuestos: I. Cuando el medio de prueba se ofrezca para generar efectos dilatorios, en virtud de ser: a) Sobreabundante: por referirse a diversos medios de prueba del mismo tipo, testimonial o documental, que acrediten lo mismo, ya superado, en reiteradas ocasiones; b) Impertinentes: por no referirse a los hechos controvertidos, o c) Innecesarias: por referirse a hechos públicos, notorios o incontrovertidos; II. Por haberse obtenido con violación a derechos fundamentales; III. Por haber sido declaradas nulas, o IV. Por ser aquellas que contravengan las disposiciones señaladas en este Código para su desahogo. En el caso de que el Juez estime que el medio de prueba sea sobreabundante, dispondrá que la parte que la ofrezca reduzca el número de testigos o de documentos, cuando mediante ellos desee acreditar los mismos hechos o circunstancias con la materia que se someterá a juicio. Asimismo, en los casos de delitos contra la libertad y seguridad sexuales y el normal desarrollo psicosexual, el Juez excluirá la prueba que pretenda rendirse sobre la conducta sexual anterior o posterior de la víctima. La decisión del Juez de control de exclusión de medios de prueba es apelable.

hechos no controvertidos, hechos que se tendrán por ciertos. La existencia de acuerdos probatorios será decisión de las partes, con aprobación del juez de control, siempre que determine que existen antecedentes en la carpeta de investigación que los justifiquen. Desde luego, que es frecuente que en las causas penales no existan acuerdas probatorios, por lo que en su caso, el juez de control en su momento oportuno, cuestionará a las partes sobre la existencia de los mismos, en cuyo caso basta con expresar que no existe acuerdo probatorio alguno, y así quedará asentado en el auto de apertura de juicio oral. En caso de existir y ser aprobados estos acuerdos, el juez de control se encargará de describirlos con acuciosidad en el auto de apertura. **El artículo 345 del CNPP**, determina con meridiana claridad que *"Los acuerdos probatorios son aquellos celebrados entre el Ministerio Público y el acusado, sin oposición fundada de la víctima u ofendido, para aceptar como probados alguno o algunos de los hechos o sus circunstancias. Si la víctima u ofendido se opusieren, el Juez de control determinará si es fundada y motivada la oposición, de lo contrario el Ministerio Público podrá realizar el acuerdo probatorio. El Juez de control autorizará el acuerdo probatorio, siempre que lo considere justificado por existir antecedentes de la investigación con los que se acredite el hecho. En estos casos, el Juez de control indicará en el auto de apertura del juicio los hechos que tendrán por acreditados, a los cuales deberá estarse durante la audiencia del juicio oral."*

7.- **Comprobación sobre la correcta realización del descubrimiento probatorio.** Acto seguido el tribunal deberá verificar que las partes hayan dado cumplimiento efectivo al descubrimiento probatorio. En cuanto al orden de estas actuaciones, podemos advertir que la redacción del artículo 344 no resulta del todo atinada, ya que consideramos que, por economía procesal, tanto el planteamiento de incidencias, como la verificación del descubrimiento probatorio, deben de realizarse al inicio de la audiencia, por tornarse más práctico, en caso de que surja alguna contingencia que impida su adecuada consecución. Lo anterior, adquiere mayor fuerza al analizar la parte final lo dispuesto en el ordinal 337, en la que se contempla que, a pesar de encontrarse las partes reunidas para la celebración de la audiencia intermedia, la defensa pudiera haber incurrido en una omisión respecto a la entrega material de sus registros, supuesto en el que podría solicitar la suspensión de la audiencia, por un plazo razonable, para estar en posibilidad de efectuar tal descubrimiento probatorio. Es por ello, que examinar este aspecto casi en la parte final de la audiencia intermedia, pudiera resultar en detrimento del buen desarrollo del proceso.

8.- **Emisión del Auto de Apertura a Juicio Oral.** Es la determinación que marca el final de la audiencia intermedia.

3.4. EL AUTO DE APERTURA A JUICIO ORAL.

Definición. Es una determinación emitida por el juez de control, que se traduce en una frontera entre la etapa intermedia y el juicio oral, así como la frontera entre la jurisdicción del juzgado emisor y el tribunal de enjuiciamiento.

El contenido específico del auto de apertura a juicio oral, se establece en el guarismo 347 del CNPP:

Contenido del Auto de apertura a Juicio Oral	I. El Tribunal de enjuiciamiento competente para celebrar la audiencia de juicio; II. La individualización de los acusados; III. Las acusaciones que deberán ser objeto del juicio y las correcciones formales que se hubieren realizado en ellas, así como los hechos materia de la acusación; IV. Los acuerdos probatorios a los que hubieren llegado las partes; V. Los medios de prueba admitidos que deberán ser desahogados en la audiencia de juicio, así como la prueba anticipada; VI. Los medios de pruebas que, en su caso, deban de desahogarse en la audiencia de individualización de las sanciones y de reparación del daño; VII. Las medidas de resguardo de identidad y datos personales que procedan en términos de este Código; VIII. Las personas que deban ser citadas a la audiencia de debate, y IX. Las medidas cautelares que hayan sido impuestas al acusado.

Es importante subrayar, que el arábigo precitado, en su último párrafo, establece que El Juez de control hará llegar el mismo al Tribunal de enjuiciamiento competente dentro de los **cinco días siguientes de haberse dictado** y pondrá a su disposición los registros, así como al acusado.

Capítulo cuarto
La etapa de juicio

4.1. EL JUICIO, ASPECTOS GENERALES.

Definición. Es la etapa procesal que se encuentra presidida por el tribunal de enjuiciamiento, misma que se realiza en base a la acusación presentada por el ministerio público, realizándose la exposición de la teoría del caso de cada una de las partes, así como el desahogo de las pruebas que obran en el auto de apertura[45], y que tiene como finalidad la decisión de las cuestiones esenciales del proceso, rigiéndose por los principios de oralidad, publicidad, igualdad, inmediación, continuidad, concentración y contradicción.

> **El artículo 348 del CNPP, contiene una definición legislativa del juicio oral:**
>
> **Artículo 348. Juicio**
>
> El juicio es la etapa de decisión de las cuestiones esenciales del proceso. Se realizará sobre la base de la acusación en el que se deberá asegurar la efectiva vigencia de los principios de inmediación, publicidad, concentración, igualdad, contradicción y continuidad.

En cuanto a la fecha para la celebración del Juicio Oral, un punto para decantar es que el juez de control, desde el auto de

---

45 Recordemos que son aquellas que fueron debidamente ofrecidas y admitidas en la audiencia intermedia (llámese también fase oral de la etapa intermedia).

apertura deberá de plasmar la fecha y hora en la que deberán de comparecer las partes ante el tribunal de enjuiciamiento, fecha que no podrá ser antes de veinte, ni superior a los sesenta días naturales a partir de la emisión del multicitado auto de apertura.

En efecto, como se ha mencionado en supra líneas, un juez de control tomará la dirección de la causa desde la audiencia inicial, hasta que se emita el auto de apertura a juicio oral[46], por lo que una vez emitido este último, deberá ceder jurisdicción a un tribunal diferente, llamado tribunal de enjuiciamiento, compuesto. Fundamenta lo antes expuesto el contenido del artículo 349 del CNPP.

> **Artículo 349. Fecha, lugar, integración y citaciones**
>
> El Tribunal de enjuiciamiento una vez que reciba el auto de apertura a juicio oral deberá establecer la fecha para la celebración de la audiencia de debate, la que deberá tener lugar no antes de veinte ni después de sesenta días naturales contados a partir de la emisión del auto de apertura a juicio. Se citará oportunamente a todas las partes para asistir al debate. El acusado deberá ser citado, por lo menos con siete días de anticipación al comienzo de la audiencia.

El Juicio Oral se rige por los principios rectores que *"son el eje toral en el funcionamiento del sistema acusatorio Adversarial. Su*

---

46 El **juzgado de control** es el primer órgano jurisdiccional que toma conocimiento de un asunto, en el que el ministerio público ejercita la acción penal, por lo que se puede decir que prepara y depura el proceso para un futuro juicio oral, en el que conocerá un tribunal distinto, llamado tribunal de enjuiciamiento. Lo anterior siempre y cuando no sobrevenga una causal de sobreseimiento, salida alterna o procedimiento abreviado, en cuyo caso la causa penal concluirá bajo la dirección del **juzgado de control** y jamás llegará a juicio oral.

incumplimiento incluso puede ser impugnado a través de los recursos permitidos en el nuevo sistema"[47]:

a. **Oralidad.** Significa que las exposiciones, intervenciones, peticiones o argumentaciones de los sujetos procesales son eminentemente verbales.

b. **Publicidad**. Implica que las audiencias se deberán desarrollar con libre acceso, es decir, que no deberán ser privadas o secretas.

c. **Igualdad**. Las partes deberán tener la misma oportunidad para hacer valer los derechos que la Constitución, los tratados internacionales, la codificación instrumental penal, y demás leyes aplicables les otorguen.

d. **Inmediación**. Las audiencias deberán desarrollarse contando con el contacto directo y en presencia del juez y las partes. **EISNER**, respecto de este principio, expone que *"el juez debe recibir en forma inmediata las alegaciones de las partes, como así recoger personalmente las aportaciones probatorias: conociendo de un modo íntimo y permanente el material de la causa y el estado del proceso desde el comienzo hasta el fin."*[48]

e. **Concentración**. Que significa que las peticiones formuladas al órgano jurisdiccional deben resolverse, es decir, que no deben dejarse sin respuesta, ya sea en sentido positivo o negativo, además se llevarán el menor número o cantidad de audiencias posibles. **LÓPEZ BETANCOURT**, explica que *"el principio de concentración es una posibilidad de ejecución de la fase oral y tiende a reunir en un mismo acto tanto cuestiones probatorias, como las de defensa;*

---

47 **GONZÁLEZ OBREGÓN**, Diana Cristal, "*La aplicación del Código Nacional de Procedimientos Penales*", Tirant Lo Blanch, México, 2014, pág. 25.

48 **EISNER**, Isidoro, "*Inmediación y Justicia*", Ed. De Palma, Buenos Aires, Argentina, 1993, pág. 7.

además logra que el proceso se abrevie lo más posible y evita la fragmentación de las pruebas, las cuales en ocasiones se alejan demasiado unas de otras e impiden al juzgador tenerlas todas presentes."[49]

f. **Contradicción**. Se refiere a la oportunidad de plantear argumentos que refuten la exposición del contrincante, es decir, la oportunidad de debatir. **OVALE FAVELA**, manifiesta que *"por ser el proceso un medio de solución de litigios en los que normalmente hay dos partes, el principio de contradicción impone al juzgador el deber de resolver sobre las promociones que le formule cualquiera de las partes, oyendo previamente las razones de la contraparte o, al menos, dándole la oportunidad para que las exprese. De acuerdo con este principio, el juzgador no puede resolver de plano dichas promociones, sino que debe otorgar previamente a la contraparte la oportunidad para que manifieste su actitud frente a aquéllas y los motivos en que funde dicha actitud".*[50]

g. **Continuidad**. Que implica que las diligencias no deben interrumpirse sin causa justificada, o en su caso, lo recesos deben ser los menos posibles y por un tiempo prudente. Por lo que relacionados con este principio, aparecen en nuestro escenario jurídico los artículos 351 y 352 del CNPP:

---

49 **LÓPEZ BETANCOURT**, Eduardo, "*Juicios Orales en Materia Penal*", Iure Editores, México, 2012, pág. 55.

50 **OVALLE FAVELA**, José, "*El Procedimiento Penal Oral En El Estado De Chihuahua*", Instituto de Investigaciones Jurídicas, Universidad Nacional Autónoma de México, México, 2010, pág. 13

Artículo 351. Suspensión

La audiencia de juicio podrá **suspenderse** en forma **excepcional** por un **plazo máximo de diez días naturales** cuando:

I. Se deba resolver una cuestión incidental que no pueda, por su naturaleza, resolverse en forma inmediata;

II. Tenga que practicarse algún acto fuera de la sala de audiencias, incluso porque se tenga la noticia de un hecho inesperado que torne indispensable una investigación complementaria y no sea posible cumplir los actos en el intervalo de dos sesiones;

III. No comparezcan testigos, peritos o intérpretes, deba practicarse una nueva citación y sea imposible o inconveniente continuar el debate hasta que ellos comparezcan, incluso coactivamente por medio de la fuerza pública;

IV. El o los integrantes del Tribunal de enjuiciamiento, el acusado o cualquiera de las partes se enfermen a tal extremo que no puedan continuar interviniendo en el debate;

V. El Defensor, el Ministerio Público o el acusador particular no pueda ser reemplazado inmediatamente en el supuesto de la fracción anterior, o en caso de muerte o incapacidad permanente, o

VI. Alguna catástrofe o algún hecho extraordinario torne imposible su continuación.

El Tribunal de enjuiciamiento verificará la autenticidad de la causal de suspensión invocada, pudiendo para el efecto allegarse de los medios de prueba correspondientes para decidir sobre la suspensión, para lo cual deberá anunciar el día y la hora en que continuará la audiencia, lo que tendrá el efecto de citación para audiencia para todas las partes. Previo a reanudar la audiencia, quien la presida resumirá brevemente los actos cumplidos con anterioridad.

El Tribunal de enjuiciamiento ordenará los aplazamientos que se requieran, indicando la hora en que continuará el debate. No será considerado aplazamiento ni suspensión el descanso de fin de semana y los días inhábiles de acuerdo con la legislación aplicable.

Debemos añadir que si un juicio oral se interrumpiera por más de diez días, este debe considerarse interrumpido, y todo lo actuado en el mismo carecerá de validez alguna, debiendo señalarse nueva fecha para la reposición del mismo, ante tribunal de enjuiciamiento compuesto por jueces distintos.

Artículo 352. Interrupción

Si la audiencia de debate de juicio no se reanuda a más tardar al undécimo día después de ordenada la suspensión, se considerará interrumpido y deberá ser reiniciado ante un Tribunal de enjuiciamiento distinto y lo actuado será nulo.

Finalmente, en cuanto a las generalidades del juicio oral, consideramos prudente hacer mención especial a las facultades de dirección y disciplina durante la audiencia, mismas de las que se encuentra investido quien preside el tribunal de enjuiciamiento, facultades que consisten en:

Facultades de Dirección. Son aquellas que brindan atribuciones para la adecuada conducción de un juicio oral.

Artículo 354 CNPP.

a. Ordenar y autorizar las lecturas pertinentes.
b. Tomar protestas legales.
c. Realizar las advertencias o apercibimientos correspondientes.
d. Impedir intervenciones impertinentes o inadmisibles.
e. En general moderar los debates, y conceder o no la palabra a quien corresponda.

Facultades de disciplina.

Son aquellas que permiten al juez que preside el tribunal de enjuiciamiento garantizar, incluso por medios coactivos un ordenado desarrollo del juicio oral.

Artículo 355 del CNPP.

I. Apercibimiento;

II. Multa de veinte a cinco mil salarios mínimos;

III. Expulsión de la sala de audiencia;

IV. Arresto hasta por treinta y seis horas, o

V. Desalojo público de la sala de audiencia.

Si el infractor fuere el Ministerio Público, el acusado, su Defensor, la víctima u ofendido, y fuere necesario expulsarlos de la sala de audiencia, se aplicarán las reglas conducentes para el caso de su ausencia.

En caso de que a pesar de las medidas adoptadas no se pudiera reestablecer el orden, quien preside la audiencia la suspenderá hasta en tanto se encuentren reunidas las condiciones que permitan continuar con su curso normal.

El Tribunal de enjuiciamiento podrá ordenar el arresto hasta por treinta y seis horas ante la contumacia de las obligaciones procesales de las personas que intervienen en un proceso penal que atenten contra el principio de continuidad, derivado de sus incomparecencias injustificadas a audiencia o aquellos actos que impidan que las pruebas puedan desahogarse en tiempo y forma.

4.2. DESARROLLO DEL JUICIO.

Un juicio oral se compone de fases, la primera de ellas es la audiencia de debate de juicio oral, posteriormente la deliberación y anuncio del fallo, luego en caso de fallo condenatorio una audiencia de individualización de sanciones, reparación del daño y lectura de sentencia, pero en caso de que el fallo sea absolutorio, únicamente tendremos una audiencia de lectura de sentencia, que por cierto puede dispensase como se analizará más adelante.

Por lo tanto, el juicio oral seguirá el siguiente orden:

a. **Audiencia de debate de juicio.** Que incluye los alegatos de apertura (primero ministerio público, luego la defensa), desahogo de las pruebas que obran en el auto de apertura a juicio oral (primero la del ministerio público en el orden que él decida, luego la defensa, también el orden que mejor le convenga), alegatos de clausura, otorgamiento de la palabra final al acusado, cierre del debate.

b. **Deliberación y anuncio del fallo.** Fase que se lleva a cabo fuera de audiencia, en privado, con la finalidad de que el tribunal de enjuiciamiento pueda reflexionar sobre lo ocurrido en la audiencia de debate y pueda orientar su fallo hacia la absolución o condena. Para después regresar a la sala de audiencia y exponer únicamente el sentido de la sentencia, es decir si resulta condenatoria o absolutoria, con una breve reseña de los puntos resolutivos.

c. **Audiencia de individualización de sanciones y reparación del daño.** Únicamente se verifica esta audiencia, cuando el fallo es condenatorio, ya que en el anuncio del mismo solamente se expone su sentido y puntos resolutivos, sin que se realice una individualización de la pena y se especifique el concepto o las modalidades sobre la reparación del daño. Esta audiencia tendrá verificativo dentro de los cinco días posteriores al anuncio del fallo, y las partes podrán exponer alegatos y desahogar prueba únicamente encaminada a la individualización de la pena y los daños a reparar. Al finalizar esta audiencia en caso de sentencia condenatoria se realizará la lectura de la sentencia.

d. **Lectura de sentencia.** En caso de sentencia condenatoria, la lectura se realizará 5 días después de finalizar la audiencia de individualización de las sanciones y reparación del daño. Si el fallo anunciado fue absolutorio, evidentemente no existen sanciones que individualizar, ni daño que reparar, por lo que cinco días posteriores al anuncio del fallo absolutorio, habremos de realizar la lectura de la sentencia. Cabe mencionar que esta fase de lectura de sentencia es dispensable, por lo que las partes pueden solicitar que se omita, y que a su vez se les notifique por escrito la sentencia, dentro de los plazos mencionados en este mismo apartado.

4.2.1. Desarrollo específico de la audiencia de debate de juicio oral.

La estructura de la audiencia de debate de juicio oral, en sí misma, es a todas luces sencilla, lo que se torna complejo es la elaboración y exposición de alegatos que realmente sean persuasivos, así como un impecable desahogo de pruebas.

De manera sucinta podemos advertir, que el tribunal deberá aperturar la audiencia de debate, verificar la asistencia de las partes, sobre todo del ministerio público, acusado y defensor, así como la disponibilidad de los testigos y peritos que deban declarar, para inmediatamente hacerlos pasar a un recinto diverso, en el que no puedan tener comunicación con las partes, ni tampoco entre ellos mismos, lo anterior con la finalidad de evitar su contaminación, hecho lo anterior el tribunal realizará una exposición sintética de los hechos materia de la acusación (que se contiene en el auto de apertura a juicio oral)[51]. Posteriormente comenzará la fase de exposición de alegatos de apertura, inicialmente del ministerio público, luego en caso de así haber sido solicitado, del asesor jurídico de la víctima, y con posterioridad de la defensa[52].

Definición de alegato de apertura. Es la expresión de las partes que contiene una síntesis de su teoría del caso, y que por ser el primer contacto del litigante con el tribunal de enjuiciamiento – en cuanto al fondo del asunto-, implica el anuncio sobre su proceder y objetivos (estrategia) durante la audiencia de deba-

---

51 Tal y como lo dispone el artículo 391 del CNPP.

52 Atentos a lo dispuesto por el numeral 394 del CNPP.

te, sin que puedan ser aún conclusivos en virtud de que aún no se ha desarrollado el juicio completamente.

La teoría del caso, según **GONZÁLEZ OBREGÓN,** *"es la versión explicativa de los hechos, apoyados en medios de prueba y que actualizan un fundamento jurídico"*[53]

Inmediatamente después de expuestos lo alegatos de apertura[54], vendrá la oportunidad de las partes para desahogar las pruebas que fueron ofrecidas y admitidas en la audiencia intermedia, y que obran en auto de apertura a juicio oral. Primeramente el ministerio público desahogará sus pruebas, en el orden que él mismo decida, posteriormente, en caso de que la víctima u ofendido, o su asesor jurídico hubiesen complementado la acusación del ministerio público, y ofrecido prueba diversa, tendrán su oportunidad, y finalmente la defensa culminará con el desahogo de las pruebas de descargo[55]. Hecho lo anterior vendrá el momento de que las partes expongan sus alegatos de clausura, en el mismo orden de exposición que los alegatos de apertura.

Definición de alegato de clausura. Son los razonamientos tanto lógicos, como jurídicos, que exponen las partes de manera

---

53 **GONZÁLEZ OBREGÓN**, Daniela, "*Manual Práctico del Juicio Oral*", 3° Ed., Tirant Lo Blanch, México, 2014, pág. 259.

54 En la codificación instrumental penal que se estudia, se prevé la posibilidad de que tanto en los alegatos de apertura como de clausura exista reclasificación jurídica. Artículo 398. Reclasificación jurídica. Tanto en el alegato de apertura como en el de clausura, el Ministerio Público podrá plantear una reclasificación respecto del delito invocado en su escrito de acusación. En este supuesto, el juzgador que preside la audiencia dará al imputado y a su Defensor la oportunidad de expresarse al respecto, y les informará sobre su derecho a pedir la suspensión del debate para ofrecer nuevas pruebas o preparar su intervención. Cuando este derecho sea ejercido, el Tribunal de enjuiciamiento suspenderá el debate por un plazo que, en ningún caso, podrá exceder del establecido para la suspensión del debate previsto por este Código.

55 Fundamentando lo anterior en el ordinal 395 del CNPP.

conclusiva, ante el tribunal de enjuiciamiento, con la finalidad de que este último emita una sentencia definitiva en la que se dejen satisfechas sus respectivas pretensiones.

Es la última oportunidad que tienen las partes litigantes para dirigirse y expresarse ante el juzgador e intentar persuadirlo, sea éste juez o jurado, que la parte que representa tiene la razón. También puede servir para ayudar a reforzar la opinión que pudiera haber ya concebido el juzgador acerca de la causa.[56]

Seguidamente el tribunal de enjuiciamiento deberá de dar la palabra al acusado, para expresar lo que a su interés convenga, mismo que podrá abstenerse de usar su última oportunidad para expresarse. Debemos aclarar que esta oportunidad de expresión, después de los alegatos de clausura no es precisamente su declaración sobre los hechos materia de la acusación, ya que en su caso, el momento oportuno lo fue durante el desahogo de las pruebas. Resulta simplemente la posibilidad de escuchar al sujeto procesal cuya situación jurídica se encuentra en estudio. Posteriormente el tribunal de enjuiciamiento declarará cerrado el debate, lo anterior atentos a lo dispuesto en el guarismo:

Artículo 399. Alegatos de clausura y cierre del debate

> Concluido el desahogo de las pruebas, el juzgador que preside la audiencia de juicio otorgará sucesivamente la palabra al Ministerio Público, al Asesor jurídico de la víctima u ofendido del delito y al Defensor, para que expongan sus alegatos de clausura. Acto seguido, se otorgará al Ministerio Público y al Defensor la posibilidad de replicar y duplicar. La réplica sólo podrá referirse a lo expresado por el Defensor en su alegato de clausura y la dúplica a lo expresado por el Ministerio Público o a la víctima u ofendido del delito en la réplica. Se otorgará la palabra por último al acusado y al final se declarará cerrado el debate.

---

56 **QUIÑONES VARGAS**, Héctor, óp. Cit., pág. 253.

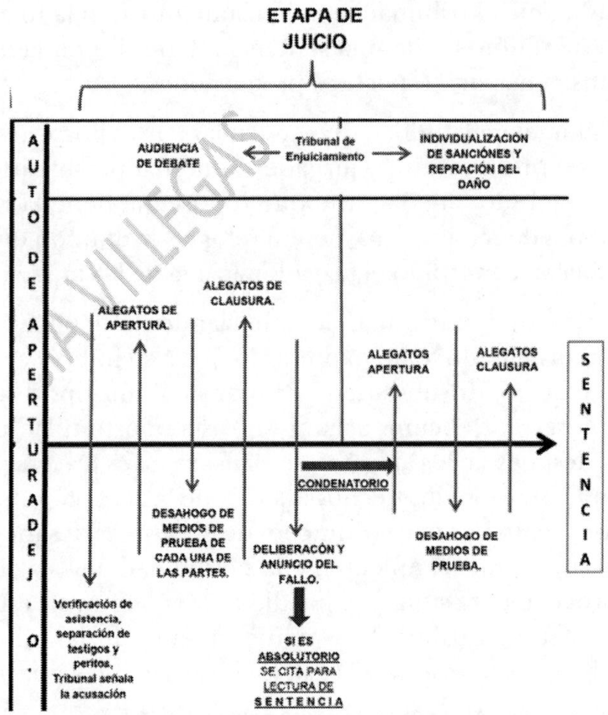

No debemos soslayar, la posibilidad de que surjan incidentes[57] dentro de la audiencia de debate, mismos que deberán ser planteados verbalmente, y el tribunal deberá resolver de manera inmediata, salvo que sea necesaria la suspensión, dentro de los límites de los artículos 351 y 352:

> **Artículo 351. Suspensión**
>
> La audiencia de juicio podrá suspenderse en forma excepcional por un plazo máximo de diez días naturales cuando:
>
> **I.** Se deba resolver una cuestión incidental que no pueda, por su naturaleza, resolverse en forma inmediata;

---

[57] Posibilidad contemplada en el artículo 292 del CNPP.

II. Tenga que practicarse algún acto fuera de la sala de audiencias, incluso porque se tenga la noticia de un hecho inesperado que torne indispensable una investigación complementaria y no sea posible cumplir los actos en el intervalo de dos sesiones;

III. No comparezcan testigos, peritos o intérpretes, deba practicarse una nueva citación y sea imposible o inconveniente continuar el debate hasta que ellos comparezcan, incluso coactivamente por medio de la fuerza pública;

IV. El o los integrantes del Tribunal de enjuiciamiento, el acusado o cualquiera de las partes se enfermen a tal extremo que no puedan continuar interviniendo en el debate;

V. El Defensor, el Ministerio Público o el acusador particular no pueda ser reemplazado inmediatamente en el supuesto de la fracción anterior, o en caso de muerte o incapacidad permanente, o

VI. Alguna catástrofe o algún hecho extraordinario torne imposible su continuación.

El Tribunal de enjuiciamiento verificará la autenticidad de la causal de suspensión invocada, pudiendo para el efecto allegarse de los medios de prueba correspondientes para decidir sobre la suspensión, para lo cual deberá anunciar el día y la hora en que continuará la audiencia, lo que tendrá el efecto de citación para audiencia para todas las partes. Previo a reanudar la audiencia, quien la presida resumirá brevemente los actos cumplidos con anterioridad.

El Tribunal de enjuiciamiento ordenará los aplazamientos que se requieran, indicando la hora en que continuará el debate. No será considerado aplazamiento ni suspensión el descanso de fin de semana y los días inhábiles de acuerdo con la legislación aplicable.

Artículo 352. Interrupción

Si la audiencia de debate de juicio no se reanuda a más tardar al undécimo día después de ordenada la suspensión, se considerará interrumpido y deberá ser reiniciado ante un Tribunal de enjuiciamiento distinto y lo actuado será nulo.

4.2.2. Deliberación y anuncio del fallo.

Una vez que el tribunal de enjuiciamiento declare cerrado el debate, iniciará la fase de deliberación y anuncio sobre el sentido de la sentencia definitiva.

Los artículos 400 al 403 del CNPP, establecen los siguientes lineamientos:

a. Inmediatamente después de concluido el debate iniciará la fase sobre la deliberación.

b. El Tribunal de enjuiciamiento ordenará un receso para este efecto, y la deliberación será inexorablemente en forma privada, continua y aislada.

c. La deliberación no deberá exceder de veinticuatro horas, ni suspenderse, salvo en caso de enfermedad grave del juez o miembro del tribunal de enjuiciamiento (nunca por más de diez días hábiles, ya que en este caso, **se reemplazará al juez o integrantes del tribunal, para realizar el juicio nuevamente**).

d. Una vez concluida la deliberación, el Tribunal de enjuiciamiento se constituirá nuevamente en la sala de audiencia, con el propósito de que el Juez relator comunique únicamente el sentido u orientación del fallo respectivo.

e. El fallo deberá señalar, la decisión de absolución o de condena, si la decisión se tomó por unanimidad o por mayoría de miembros del Tribunal, y la relación sucinta de los fundamentos y motivos que lo sustentan.

f. En caso de **condena**, en la misma audiencia de comunicación del fallo se **señalará la fecha** para la celebración de una audiencia de individualización de las sanciones y reparación del daño, dentro de un plazo que no deberá ser superior a cinco días.

g. En caso de **absolución**, el Tribunal de enjuiciamiento podrá aplazar la redacción de la sentencia hasta por un plazo de cinco días, la que será comunicada a las partes.

h. Comunicada a las partes la decisión absolutoria, el Tribunal de enjuiciamiento deberá de ordenar de forma inmediata el levantamiento de las medidas cautelares que se hayan decretado en contra del acusado, disponiendo adicionalmente que se tome nota de lo anterior dentro de todo índice o registro público y policial en el que se hubiesen registrado. Esto significa que el órgano jurisdiccional, desde el anuncio del fallo absolutorio, deberá ordenar la inmediata libertad, en caso de que el acusado haya estado en prisión preventiva o diversa medida restrictiva de la libertad personal, sin que puedan mantenerse las medidas cautelares para la realización de trámites administrativos.

i. Se ordenará la cancelación, en caso de existir, de las garantías de comparecencia y reparación del daño que se hubieren otorgado durante el proceso.

j. El Tribunal de enjuiciamiento deberá realizar una lectura y explicación de la sentencia definitiva en audiencia pública[58].

k. La audiencia de lectura de sentencia es dispensable, en caso de que en la fecha y hora fijadas para la celebración

---

[58] Relacionado también con el contenido del Artículo 404 del CNPP: Redacción de la sentencia Si el Órgano jurisdiccional es colegiado, una vez emitida y expuesta, la sentencia será redactada por uno de sus integrantes. Los jueces resolverán por unanimidad o por mayoría de votos, pudiendo fundar separadamente sus conclusiones o en forma conjunta si estuvieren de acuerdo. El voto disidente será redactado por su autor. La sentencia señalará el nombre de su redactor. La sentencia producirá sus efectos desde el momento de su explicación y no desde su formulación escrita.

de dicha audiencia no asistiere persona alguna, y se tendrá por notificadas a las partes.

Debemos puntualizar que, en caso de encontrarnos en presencia de una sentencia absolutoria, aparece en nuestro escenario jurídico el:

Artículo 405. Sentencia absolutoria

En la sentencia absolutoria, el Tribunal de enjuiciamiento ordenará que se tome nota del levantamiento de las medidas cautelares, en todo índice o registro público y policial en el que figuren, y será ejecutable inmediatamente.

En su sentencia absolutoria el Tribunal de enjuiciamiento determinará la causa de exclusión del delito, para lo cual podrá tomar como referencia, en su caso, las causas de atipicidad, de justificación o inculpabilidad, bajo los rubros siguientes:

I. Son causas de atipicidad: la ausencia de voluntad o de conducta, la falta de alguno de los elementos del tipo penal, el consentimiento de la víctima que recaiga sobre algún bien jurídico disponible, el error de tipo vencible que recaiga sobre algún elemento del tipo penal que no admita, de acuerdo con el catálogo de delitos susceptibles de configurarse de forma culposa previsto en la legislación penal aplicable, así como el error de tipo invencible;

II. Son causas de justificación: el consentimiento presunto, la legítima defensa, el estado de necesidad justificante, el ejercicio de un derecho y el cumplimiento de un deber, o

III. Son causas de inculpabilidad: el error de prohibición invencible, el estado de necesidad disculpante, la inimputabilidad, y la inexigibilidad de otra conducta.

De ser el caso, el Tribunal de enjuiciamiento también podrá tomar como referencia que el error de prohibición vencible solamente atenúa la culpabilidad y con ello atenúa también la pena, dejando subsistente la presencia del dolo, igual como ocurre en los casos de exceso de legítima defensa e imputabilidad disminuida.

En cuanto a la sentencia condenatoria del artículo 406 del CNPP, podemos destacar los siguientes lineamientos:

a. Determinará específicamente las penas, o en su caso las medidas de seguridad, sobre el caso concreto.

b. Se pronunciará sobre la suspensión de las penas o medidas de seguridad, y en su caso sobre la procedencia de aplicar alguna de las medidas alternativas a la privación o restricción de libertad previstas en la normatividad correspondiente.

c. Si contiene una pena privativa de la libertad, debe expresar el día exacto desde el cual empezará a contarse, y desde luego deberá puntualizarse con toda claridad el tiempo de detención o prisión preventiva que deberá servir de base para su cumplimiento.

d. Dispondrá también, en su caso, el decomiso de los instrumentos o efectos del delito o su restitución.

e. Contendrá un capítulo sobre la reparación del daño concepto y cuantificación.

f. Cuando la prueba producida no permita establecer con certeza el monto de los daños y perjuicios, o de las indemnizaciones correspondientes, el Tribunal de enjuiciamiento tendrá la posibilidad de condenar de manera genérica a reparar los daños y en su caso los perjuicios. Disponiendo que los mismos se liquiden en la etapa de ejecución de sentencia por vía incidental, siempre que éstos se hayan demostrado en su momento oportuno.

g. En cuanto al estándar probatorio, el numeral que se analiza determina que el Tribunal de enjuiciamiento solamente dictará sentencia condenatoria cuando exista convicción de la culpabilidad del sentenciado, bajo el principio general de que la carga de la prueba para demostrar la culpabilidad corresponde a la parte acusadora, conforme lo establezca el tipo penal de que se trate.

h. Al dictar sentencia condenatoria se indicarán los márgenes de la punibilidad del delito y quedarán plenamente acreditados los elementos de la clasificación jurídica.

4.2.3. Individualización de sanciones y reparación del daño.

Definición. Es la etapa del proceso penal que se actualiza únicamente en caso que el tribunal de enjuiciamiento emita un fallo condenatorio, y que tiene como finalidad únicamente aplicar al caso concreto la sanción establecida como parámetro en la norma penal sustantiva, luego de escuchar a las partes y de haberse desahogado las pruebas relacionadas con este concepto.

La anterior definición descansa en lo establecido en el artículo 408 del CNPP, mismo que establece: "El desahogo de los medios de prueba para la individualización de sanciones y reparación del daño procederá después de haber resuelto sobre la responsabilidad del sentenciado. El debate comenzará con el desahogo de los medios de prueba que se hubieren admitido en la etapa intermedia. En el desahogo de los medios de prueba serán aplicables las normas relativas al juicio oral."

En cuanto al desarrollo de la audiencia, el artículo 409 del CNPP, le asigna una estructura semejante a la de la audiencia de debate, desde luego los puntos controvertidos son mucho más acotados, ya que únicamente resta establecer la individualización de una pena, y realizar una liquidación sobre la reparación del daño.

> **Artículo 409. Audiencia de individualización de sanciones y reparación del daño**
>
> Después de la apertura de la audiencia de individualización de los intervinientes, el Tribunal de enjuiciamiento señalará la materia de la audiencia, y dará la palabra a las partes para que expongan, en su caso, sus alegatos de apertura. Acto seguido, les solicitará a las partes que determinen el orden en que desean el desahogo de los medios de prueba y declarará abierto

el debate. Éste iniciará con el desahogo de los medios de prueba y continuará con los alegatos de clausura de las partes.

Cerrado el debate, el Tribunal de enjuiciamiento deliberará brevemente y procederá a manifestarse con respecto a la sanción a imponer al sentenciado y sobre la reparación del daño causado a la víctima u ofendido. Asimismo, fijará las penas y se pronunciará sobre la eventual aplicación de alguna de las medidas alternativas a la pena de prisión o sobre su suspensión, e indicará en qué forma deberá, en su caso, repararse el daño. **Dentro de los cinco días siguientes a esta audiencia, el Tribunal redactará la sentencia.**

La ausencia de la víctima que haya sido debidamente notificada no será impedimento para la celebración de la audiencia.

Al finalizar la audiencia de individualización de sanciones y reparación del daño, el tribunal de enjuiciamiento contará de nuevo con cinco días para dictar y dar lectura integral a la sentencia, ya que la parte relacionada con la existencia del delito y la responsabilidad penal del acusado, debió de redactarse en los diversos cinco días posteriores al anuncio del fallo, por lo que únicamente resta agregar el capítulo relacionado con la sanción y reparación en concreto.

Capítulo quinto
Recursos

5.1. DEFINICIÓN Y GENERALIDADES DE LOS RECURSOS.

La finalidad del órgano jurisdiccional es aplicar la norma penal sustantiva al caso concreto, en otras palabras, 'decir el derecho', el derecho que tiene el estado para sancionar a un delincuente, o el derecho de una víctima a recibir una efectiva reparación del daño causado, o el derecho del acusado a ser declarado inocente. Hemos puntualizado que el procedimiento penal busca esclarecer hechos que pueden ser constitutivos de delito conociendo la verdad histórica de los mismos, en resumidas cuentas garantizar la justicia, sin embargo el sistema penal es operado por seres humanos, y el ser humano por su naturaleza es falible, los titulares del **juzgado de control** o del tribunal de enjuiciamiento pueden cometer errores al momento de interpretar y aplicar la norma jurídica, los principios generales del derecho o la jurisprudencia, razón por la que existen medios legales que permiten un diverso estudio y reflexión sobre las determinaciones judiciales que se apartaron del camino señalado por el derecho y la justicia, y se les permita 'volver al curso'. En esta reflexión es en la que descansa la justificación de los 'recursos'.

En el CNPP existen únicamente los recursos de apelación y revocación[59], sin embargo conviene al tema que nos ocupa la

---

59 Según lo determina expresamente el último párrafo del artículo 456 del CNPP.

reflexión inicial sobre las generalidades de los recursos, de las que podemos extraer la siguiente síntesis:

a. Las **resoluciones** judiciales podrán ser **recurridas únicamente** por los **medios** y en los **casos expresamente** puntualizados en el CNPP. (Art. 456 CNPP).

b. Para efectos de su impugnación, se entenderán como resoluciones judiciales, las emitidas oralmente o por escrito. (Art. 456 CNPP).

c. El **derecho de recurrir** corresponderá única y **exclusivamente a quienes les sea expresamente otorgado** y pueda verse afectado por una determinada resolución. (ART. 456 CNPP).

d. Los recursos **deben interponerse**[60] en las **condiciones** y bajo los parámetros de **tiempo y forma** que se determinan en el CNPP, con indicación precisa de la parte de la resolución que se recurre. (Art. 457 CNPP).

e. **Las partes**[61] sólo podrán impugnar las decisiones judiciales que **pudieran causarles agravio**, siempre que no hayan contribuido a provocarlo. (Art. 458 CNPP).

f. El recurso deberá sustentarse en **la afectación que causa** el acto impugnado, así como en **los motivos que originaron ese agravio**. (Art. 458 CNPP).

---

60 Nótese la expresión "interponerse", misma que resulta pertinente, ya que los recursos se "interponen", y las denuncias o querellas se "presentan", así como en otras ramas del derecho las demandas se "promueven". Ya que el vocablo "interponer" genera la idea de colocarse en medio del un camino, camino ya iniciado con la presentación de una denuncia o querella, o con el ejercicio de la acción penal, o en su caso con la acusación "presentada" por el agente del ministerio público.

61 Véase el artículo 105 último párrafo del CNPP, en el que se precisa cuales sujetos procesales tienen calidad de parte.

g. **La víctima u ofendido**, en todo caso, **podrá combatir por sí misma o a través del Ministerio Público**, resoluciones que versen sobre la **reparación del daño** causado por el delito, cuando estime que hubiere resultado perjudicado por la misma; **las que pongan fin al proceso**, y las que se **produzcan en la audiencia de juicio**, sólo si en este último caso hubiere participado en ella. (Art. 459 CNPP).

h. Cuando la víctima u ofendido solicite al Ministerio Público que interponga los recursos que sean pertinentes y éste no presente la impugnación, **explicará por escrito al solicitante la razón de su proceder a la mayor brevedad (Sin especificarse plazo en la codificación en estudio)**. (Art. 459 CNPP).

i. Se tendrá por perdido el derecho a recurrir una resolución judicial **cuando se ha consentido expresamente por parte del promovente la resolución contra la cual procediere**. (Art. 460 CNPP).

j. **Precluye** el derecho a recurrir una resolución judicial cuando haya **concluido el plazo** que el mismo CNPP señala para tal efecto, sin que esto haya ocurrido. (Art. 460 CNPP).

k. Quien interponga un recurso **podrá desistirse del mismo antes de su resolución**. No obstante lo anterior, el efecto o las consecuencias de un desistimiento no se extenderán en caso de que existan más recurrentes o a los adherentes de un recurso determinado. (Art. 460 CNPP).

l. **El Ministerio Público podrá desistirse del recurso** interpuesto únicamente por medio de la emisión de un acuerdo que se encuentre debidamente fundado y motivado. (Art. 460 CNPP).

m. Para que el **desistimiento** del **Defensor** sea válido se **requerirá la autorización expresa del imputado**. (Art. 460 CNPP).

n. El Órgano jurisdiccional no debe **extender** el examen de la decisión recurrida a cuestiones no planteadas en ellos o más allá de los límites del recurso, **a menos que se trate de un acto violatorio de derechos fundamentales del imputado**. (Art. 461 CNPP).

o. Si sólo uno de varios imputados por el mismo delito interpusiera algún recurso contra una resolución, **la decisión favorable que se dictare aprovechará a los demás**, a menos que los fundamentos fueren exclusivamente personales del recurrente. (Art. 461 CNPP).

p. Cuando el recurso ha sido **interpuesto** sólo por el **imputado** o su **Defensor, no podrá modificarse la resolución recurrida en perjuicio del imputado**. (Art. 462 CNPP).

q. **La interposición de un recurso no suspenderá la ejecución de la resolución combatida**, salvo las excepciones previstas en el cuerpo normativo en estudio. (Art. 463 CNPP).

5.2.1 Apelación.

Definición. Es un recurso ordinario, que se admite por regla general sin suspensión del proceso, y permite combatir resoluciones emitidas por el **juzgado de control**, Tribunal de Enjuiciamiento, así como aquellas dictadas durante la ejecución de las penas o medidas de seguridad.

ARTÍCULO 467 CNPP **Resoluciones Del Tribunal de Control Susceptibles de Apelación**	I. Las que nieguen el anticipo de prueba; II. Las que nieguen la posibilidad de celebrar acuerdos reparatorios o no los ratifiquen; III. La negativa o cancelación de orden de aprehensión; IV. La negativa de orden de cateo; V. Las que se pronuncien sobre las providencias precautorias o medidas cautelares; VI. Las que pongan término al procedimiento o lo suspendan; VII. El auto que resuelve la vinculación del imputado a proceso; VIII. Las que concedan, nieguen o revoquen la suspensión condicional del proceso; IX. La negativa de abrir el procedimiento abreviado; X. La sentencia definitiva dictada en el procedimiento abreviado, o XI. Las que excluyan algún medio de prueba.

En cuanto a las **determinaciones del tribunal de enjuiciamiento susceptibles de apelación**, el diverso numeral 468, establece que serán combatibles aquellas que versen sobre el desistimiento de la acción penal por el Ministerio Público, así como la sentencia definitiva en relación a aquellas consideraciones contenidas en la misma, distintas a la valoración de la prueba siempre y cuando no comprometan el principio de inmediación, o bien aquellos actos que impliquen una violación grave del debido proceso.

Hacia el tópico contenido en el párrafo anterior, debe dedicarse un momento adicional de reflexión, particularmente a las hipótesis en las que procede apelación contra sentencia definitiva tirada en juicio oral, ya que el CNPP, en su artículo 468, por su redacción limita a combatir la sentencia definitiva: "….. *en relación a aquellas* ***consideraciones*** *contenidas en la misma,* ***distintas a la valoración de la prueba siempre y cuando no comprometan el principio de inmediación****, o bien aquellos actos que impliquen una* ***violación grave del debido proceso****."* La redacción en comentario, permite advertir que si durante el desahogo de la prueba, no se violentó el principio de inmediación, entonces no podría combatirse por medio de este recurso la valoración que se haya hecho sobre la misma, lo que limita en exceso la utilidad de este recurso, en virtud de que el mayor número de inconformidades sobre la sentencia definitiva y que afectan el sentido de la misma, es precisamente la valoración de la prueba. Sin embargo, podemos rescatar del siguiente enunciado del artículo cuya redacción se cuestiona, en el sentido de que si **el acto combatido implica una violación grave del debido proceso**[62], entonces la sentencia definitiva se tornará susceptible de apelación.

5.2.2. Trámite del Recurso de Apelación.

En cuanto a la mecánica para tramitar el recurso de apelación, podemos realizar una síntesis de lo establecido en el artículo 471 del CNPP, de la siguiente forma:

a. Contra las resoluciones del Juez de control deberá de interponerse **por escrito**.
b. Se interpondrá **ante el mismo Juez** que dictó la resolución.
c. El plazo de interposición será de los **tres días** contados a partir de aquel en el que surta efectos la notificación si se trata de algún auto o cualquier otra providencia.
d. El plazo **se amplía a cinco días** si se tratare de sentencia definitiva dictada en procedimiento Abreviado.

---

62 Artículo 12. Principio de juicio previo y debido proceso. Ninguna persona podrá ser condenada a una pena ni sometida a una medida de seguridad, sino en virtud de resolución dictada por un Órgano jurisdiccional previamente establecido, conforme a leyes expedidas con anterioridad al hecho, en un proceso sustanciado de manera imparcial y con apego estricto a los derechos humanos previstos en la Constitución, los Tratados y las leyes que de ellos emanen.

e. En los casos de apelación contra el desistimiento de la acción penal promovida por el agente del ministerio público se interpondrá ante el Tribunal de enjuiciamiento que dictó la resolución dentro de los **tres días** contados a partir de que surte efectos la notificación.

f. El recurso de apelación en contra de las sentencias definitivas dictadas por el Tribunal de enjuiciamiento se interpondrá **ante el mismo Tribunal** que conoció del juicio.

g. El plazo para apelar **sentencias definitivas dictadas en Juicio Oral** será dentro de los **diez días siguientes a la notificación** de la resolución impugnada, por medio de un documento en el que se puntualizarán con claridad las disposiciones violadas y los motivos de agravio correspondientes.

h. **En el escrito** de interposición de recurso **deberá señalarse** el domicilio o autorizar el medio para ser notificado; en caso de que el Tribunal de alzada competente para conocer de la apelación tenga su sede en un lugar distinto al del proceso, las partes deberán fijar un nuevo domicilio en la jurisdicción de aquél para recibir notificaciones o el medio para recibirlas.

i. **Los agravios deberán expresarse en el mismo escrito de interposición** del recurso[63]; el recurrente deberá exhibir una copia de traslado tanto para el registro como para cada una de las otras partes. Si faltan total o parcialmente las copias, se le requerirá para que presente las omitidas

---

[63] Desde luego las partes tienen la posibilidad de solicitar copia de los registros en los que consta la resolución recurrida, con la finalidad de estructurar de manera adecuada sus agravios. En este tenor, encontramos el artículo 469 del CNPP que establece: *"Inmediatamente después de pronunciada la resolución judicial que se pretenda apelar, las partes podrán solicitar copia del registro de audio y video de la audiencia en la que fue emitida sin perjuicio de obtener copia de la versión escrita que se emita en los términos establecidos en el presente Código".*

dentro del término de veinticuatro horas. En caso de que no las exhiba, el Órgano jurisdiccional las tramitará e impondrá al promovente multa de diez a ciento cincuenta días de salario, excepto cuando éste sea el imputado o la víctima u ofendido (por lo tanto, la multa solo aplica al ministerio público o asesor jurídico).

j. Interpuesto el recurso, el Órgano jurisdiccional deberá **correr traslado del mismo a las partes para que se pronuncien en un plazo de tres días respecto de los agravios expuestos** y señalen domicilio o medios en los términos del segundo párrafo del presente artículo.

k. **Al interponer** el recurso, al **contestarlo** o al **adherirse** a él, los interesados **podrán** manifestar en su escrito su deseo de **exponer oralmente alegatos aclaratorios** sobre los agravios ante el Tribunal de alzada.

Es importante destacar que la interposición del recurso de apelación por regla general no suspende los efectos de la resolución recurrida, salvo que se trate de una apelación contra resolución denegatoria de prueba (exclusión de prueba), emitida en la audiencia intermedia, de tal suerte que en este caso sí deberá suspenderse la remisión del auto de apertura al Tribunal de Enjuiciamiento, y por lo tanto la celebración de la audiencia de debate, hasta en tanto no se resuelva sobre el mismo, ya que de celebrarse el Juicio Oral, quedaría sin materia el recurso. Lo anterior se sostiene del análisis del artículo 472 del CNPP.

Otra de las figuras destacables sobre el trámite del recurso de apelación, es el derecho de adhesión, mismo que implica que cualquiera de las partes con derecho a recurrir, luego de haber recibido el traslado (descrito en supra líneas) del recurso interpuesto por otra de las partes, podrá decidir si presenta adhesión y expresar sus propios agravios por no haber obtenido tampoco satisfacción de sus pretensiones y considerar que se ha aplicado el derecho de forma inexacta. El plazo para presentar adhesión al recurso interpuesto por otra parte y formular agravios distintos, es de tres días contados a partir de que se recibió el traslado de referencia (desde luego de la adhesión), toda vez que igualmente implica agravios y combate la resolución impugnada, es que deberá correrse traslado a las demás partes. El derecho de adhesión y su trámite descansan en el artículo 473 del CNPP.

Una vez que transcurra el término de tres días posteriores al traslado del recurso a las demás partes sin que hayan presentado adhesión, o en su caso, que habiéndola presentado haya fenecido el traslado de esta, el órgano judicial emisor de la resolución impugnada, que es precisamente ante quien se presenta el escrito con los agravios correspondientes, deberá enviar al tribunal de segunda instancia tanto los registros donde conste la resolución emitida y recurrida, como el escrito que contenga los agravios y en su caso las adhesiones. Una vez que el tribunal de alzada reciba los registros será este último quien deberá pronunciarse sobre la admisión o no del recurso[64]. Lo anterior se desprende de los numerales 474 y 475 del CNPP.

Ahora bien, en cuanto a la citación para la audiencia en la que se resolverá sobre la confirmación, modificación o revocación de la resolución recurrida, cobra aplicación el artículo 476 del CNPP, mismo que por si confusa redacción conviene citarlo de manera textual:

> **Artículo 476. Emplazamiento a las otras partes**
>
> *Si al interponer el recurso, al contestarlo o al adherirse a él,* ***alguno de los interesados manifiesta en su escrito su deseo de exponer oralmente alegatos aclaratorios sobre los agravios****, o*

[64] Los motivos para no admitir el recurso de apelación se encuentran previstos en el guarismo 470 de la Codificación Adjetiva Penal en estudio: "El Tribunal de alzada declarará inadmisible el recurso cuando: I. Haya sido interpuesto fuera del plazo; II. Se deduzca en contra de resolución que no sea impugnable por medio de apelación; III. Lo interponga persona no legitimada para ello, o IV. El escrito de interposición carezca de fundamentos de agravio o de peticiones concretas.

> *bien* ***cuando el Tribunal de alzada lo estime pertinente****, decretará lugar y fecha para la celebración de la* ***audiencia****, la que deberá tener lugar* ***dentro de los cinco y quince días después de que fenezca el término para la adhesión.***
>
> *El Tribunal de alzada,* ***en caso de que las partes soliciten exponer oralmente alegatos aclaratorios o en caso de considerarlo pertinente****, citará a audiencia de alegatos para la celebración de la audiencia para que las partes expongan oralmente sus alegatos aclaratorios sobre agravios, la que deberá tener lugar dentro de los* ***cinco días después de admitido el recurso.***

Si se analiza con detenimiento el contenido del primer y del segundo párrafo, no dudamos en concluir que el último de los mencionados contiene graves errores de redacción, e incluso se opone a lo dispuesto en cuanto al plazo para citar a la audiencia respectiva, ya que el primero de los párrafos se refiere a un plazo de 5 a 15 días, y en el mismo supuesto el segundo párrafo habla de citación dentro de cinco días para la audiencia. Sin embargo, si reflexionamos en cuanto a la calidad de la redacción, podemos deducir según nuestro criterio que el segundo párrafo es un error en toda su extensión, por lo que podemos estar a lo dispuesto en el primero de los citados.

Llegada la fecha y hora de la audiencia de mérito, la mecánica para su desarrollo consistirá en conceder la palabra al recurrente en caso de que sea su intención exponer de manera verbal alegatos aclaratorios en torno a los agravios expresados en el escrito de interposición, lo que no significa que pueda incorporar nuevos conceptos de agravio, además el *ad quem,* podrá pedir aclaraciones si encuentra poco clara la expresión del recurrente.[65] Desde luego en atención al principio de contradicción las demás partes interesadas que hayan asistido a la audiencia tendrán oportunidad de expresar-

---

[65] Artículo 477 del CNPP.

se sobre las manifestaciones del recurrente o el adherente.[66] Al finalizar las rondas de exposición, el *ad quem* podrá emitir su sentencia en ese mismo momento dentro de la audiencia o de manera escrita dentro de los tres días posteriores a la audiencia,[67] desde luego esto será decisión del tribunal de alzada, atendiendo a la complejidad del asunto tratado.

Posibles Efectos de la Sentencia de segunda instancia. (Artículo 479 CNPP)

a. Confirmar, la resolución impugnada.
b. Modificar la resolución impugnada.
c. Revocar la resolución impugnada.
d. Ordenar la reposición del acto.
e. En caso de exclusiones probatorias, el Tribunal de alzada debe requerir el auto de apertura al Juez de control, para que en su caso se incluya el medio o medios de prueba indebidamente excluidos, y hecho lo anterior lo remita al Tribunal de enjuiciamiento competente

En cuanto a las causas para modificar o revocar una sentencia definitiva como resolución combatida, el arábigo 483 del CNPP, establece que "*Será causa de nulidad de la sentencia la transgresión a una norma de fondo que implique una violación a un derecho fundamental. En estos casos, el Tribunal de alzada modificará o revocará la sentencia. Sin embargo, si ello compromete el principio de inmediación, ordenará la reposición del juicio, en los términos del*

---

66 No debe soslayarse el contenido del Artículo 484 del CNPP: Podrán ofrecerse medios de prueba cuando el recurso se fundamente en un defecto del proceso y se discuta la forma en que fue llevado a cabo un acto, en contraposición a lo señalado en las actuaciones, en el acta o registros del debate, o en la sentencia. También es admisible la prueba propuesta por el imputado o en su favor, incluso relacionada con la determinación de los hechos que se discuten, cuando sea indispensable para sustentar el agravio que se formula. Las partes podrán ofrecer medio de prueba esencial para resolver el fondo del reclamo, sólo cuando tengan el carácter de superveniente.

67 Artículo 478 del CNPP.

artículo anterior." Igualmente en caso de violaciones graves al debido proceso, podrá ordenarse por medio de sentencia en segunda instancia que se repongan actos procesales en los que se hayan transgredido derechos fundamentales de alguna de las partes, e incluso el tribunal de apelación podrá apreciar y reparar de manera oficiosa en favor del sentenciado violaciones a sus derechos fundamentales, según lo refuerza el contenido de los artículos 480 y 481 del mismo cuerpo normativo.

Respecto de las causas específicas de reposición procesal, aparece en nuestro escenario jurídico en artículo 482 del CNPP, mismo que contempla:

> ***I.*** *Cuando en la tramitación de la audiencia de juicio oral o en el dictado de la sentencia se hubieren infringido derechos fundamentales asegurados por la Constitución, las leyes que de ella emanen y los Tratados.*
>
> ***II.*** *Cuando no se desahoguen las pruebas que fueron admitidas legalmente, o no se desahoguen conforme a las disposiciones previstas en este Código.*
>
> ***III.*** *Cuando si se hubiere violado el derecho de defensa adecuada o de contradicción siempre y cuando trascienda en la valoración del Tribunal de enjuiciamiento y que cause perjuicio.* **(Violación a los derechos de defensa técnica o material, e igualmente cuando no se permita a las partes exponer sus argumentos o intervenir en igualdad de oportunidades que a la contrincante, sin embargo esta última hipótesis se encuentra condicionada a la trascendencia que tenga esta violación al principio de contradicción, al fallo emitido por el órgano jurisdiccional).**
>
> ***IV.*** *Cuando la audiencia del juicio hubiere tenido lugar en ausencia de alguna de las personas cuya presencia continuada se exija bajo sanción de nulidad.* ***(Lo que implica violación al principio de inmediación).***
>
> ***V.*** *Cuando en el juicio oral hubieren sido violadas las disposiciones establecidas por este Código sobre publicidad, oralidad y concentración del juicio, siempre que se vulneren derechos de las partes.*

VI. Cuando la sentencia hubiere sido pronunciada por un Tribunal de enjuiciamiento incompetente o que, en los términos de este Código, no garantice su imparcialidad.

En estos supuestos, el Tribunal de alzada determinará, de acuerdo con las circunstancias particulares del caso, si ordena la reposición parcial o total del juicio.

La reposición total de la audiencia de juicio deberá realizarse íntegramente ante un Tribunal de enjuiciamiento distinto. Tratándose de la reposición parcial, el Tribunal de alzada determinará si es posible su realización ante el mismo Órgano jurisdiccional u otro distinto, tomando en cuenta la garantía de la inmediación y el principio de objetividad del Órgano jurisdiccional, establecidos en las fracciones II y IV del Apartado A del artículo 20 de la Constitución y el artículo 9o. de este Código.

Para la declaratoria de nulidad y la reposición será aplicable también lo dispuesto en los artículos 97 a 102 de este Código.

En ningún caso habrá reposición del procedimiento cuando el agravio se fundamente en la inobservancia de derechos procesales que no vulneren derechos fundamentales o que no trasciendan a la sentencia.

5.3. REVOCACIÓN

Definición. Es un recurso ordinario y uni-instancial o no devolutivo, que tiene como finalidad solicitar al mismo órgano jurisdiccional que emitió una resolución de mero trámite que se resuelva sin substanciación, que dedique una nueva reflexión, análisis o estudio sobre la misma, luego de escuchar los argumentos del recurrente, con la finalidad de que la misma sea auto revocada o modificada.

El Artículo 465 del CNPP, establece que: "*El recurso de revocación procederá en cualquiera de las etapas del procedimiento penal en las que interviene la autoridad judicial en contra de las resoluciones de mero* *trámite que se resuelvan sin sustanciación. El objeto de este recurso será que el mismo Órgano jurisdiccional que dictó la resolución impugnada, la examine de nueva cuenta y dicte la resolución que corresponda."*

Trámite del Recurso de Revocación.

Artículo 466 del CNPP

El recurso de revocación se interpondrá oralmente, en audiencia o por escrito, conforme a las siguientes reglas:

I. Si el recurso se hace valer contra las resoluciones pronunciadas durante audiencia, deberá promoverse antes de que termine la misma. La tramitación se efectuará verbalmente, de inmediato y de la misma manera se pronunciará el fallo, o

II. Si el recurso se hace valer contra resoluciones dictadas fuera de audiencia, deberá interponerse por escrito en un plazo de dos días siguientes a la notificación de la resolución impugnada, expresando los motivos por los cuales se solicita. El Órgano jurisdiccional se pronunciará de plano, pero podrá oír previamente a las demás partes dentro del plazo de dos días de interpuesto el recurso, si se tratara de un asunto cuya complejidad así lo amerite.

La resolución que decida la revocación interpuesta oralmente en audiencia, deberá emitirse de inmediato; la resolución que decida la revocación interpuesta por escrito deberá emitirse dentro de los tres días siguientes a su interposición; en caso de que el Órgano jurisdiccional cite a audiencia por la complejidad del caso, resolverá en ésta.

Debe subrayarse, que el recurso de revocación, a diferencia de la apelación, si es susceptible, de interponerse de manera verbal, dentro de la audiencia en la que se emite la resolución de mero trámite. Igualmente se debe hacer hincapié en la posibilidad de que la resolución combatida se emita fuera de audiencia, caso en el que el recurso se interpondrá de forma escrita, y será discrecional para el tribunal resolver de igual forma o en caso de complejidad podrá citar a las partes a una audiencia para emitir su determinación.

Como podemos advertir, sobre la regulación de los recursos existen inquietudes en la redacción legislativa que se han puntualizado en su momento, y que de reformarse permitirían un mejor trámite de los mismos.

Finalmente, como complemento de este capítulo, no debe soslayarse un medio legal que combate omisiones del órgano jurisdiccional, previsto en el dispositivo:

Artículo 135. La queja y su procedencia

Procederá queja en contra del juzgador de primera instancia por no realizar un acto procesal dentro del plazo señalado por este Código. La queja podrá ser promovida por cualquier parte del procedimiento y se tramitará sin perjuicio de las otras consecuencias legales que tenga la omisión del juzgador.

La queja será interpuesta ante el Órgano jurisdiccional omiso; éste tiene un plazo de veinticuatro horas para subsanar dicha omisión, o bien, realizar un informe breve y conciso sobre las razones por las cuales no se ha verificado el acto procesal o la formalidad exigidos por la norma omitida y remitir el recurso y dicho informe al Órgano jurisdiccional competente.

La autoridad jurisdiccional competente tramitará y resolverá en un plazo no mayor a tres días en los términos de las disposiciones aplicables.

En ningún caso, el Órgano jurisdiccional competente para resolver la queja podrá ordenar al Órgano Jurisdiccional omiso los términos y las condiciones en que deberá subsanarse la omisión, debiéndose limitar su resolución a que se realice el acto omitido.

Igualmente debemos recordar, que se prevé diverso medio legal denominado, control judicial, mismo que combate resoluciones del ministerio público opuestas al ejercicio de la acción penal:

Artículo 258. Notificaciones y control judicial

Las determinaciones del Ministerio Público sobre la abstención de investigar, el archivo temporal, la aplicación de un criterio de oportunidad y el no ejercicio de la acción penal deberán ser notificadas a la víctima u ofendido quienes las podrán impugnar ante el Juez de control dentro de los diez días posteriores a que sean notificadas de dicha resolución. En estos casos, el Juez de control convocará a una audiencia para decidir, en definitiva, citando al efecto a la víctima u ofendido, al Ministerio Público y, en su caso, al imputado y a su Defensor. En caso de que la víctima, el ofendido o sus representantes legales no comparezcan a la audiencia a pesar de haber sido debidamente citados, el Juez de control declarará sin materia la impugnación.

La resolución que el Juez de control dicte en estos casos no admitirá recurso alguno.

Capítulo sexto
El procedimiento abreviado

6.1. DEFINICIÓN Y MOMENTO PROCESAL OPORTUNO

Definición. Es un mecanismo de aceleración procesal, por virtud del cual el Juez de Control emite una sentencia definitiva, sin necesidad de cursar la etapa de Juicio, lo anterior siempre que exista un auto de vinculación a proceso, y no se haya dictado el auto de apertura a juicio oral, siempre que lo solicite el ministerio público, que la víctima u ofendido no expongan oposición fundada, y así lo consienta el acusado con asesoría de su persona defensora.

WITKER y NATARÉN, sostienen que *"el procedimiento abreviado, sin ser en sentido estricto una salida al terna, permite dictar una sentencia de forma más rápida y de cuantía menor que en el procedimiento ordinario, en los casos en que, previa solicitud del representante social, el imputado admita el hecho que le atribuyera el Ministerio Público en su escrito de acusación, acepte la aplicación de este procedimiento y no haya oposición fundada de la víctima u ofendido constituido como acusador coadyuvante. Si la víctima no está constituida como coadyuvante se le escuchará, pero su criterio no será vinculante"*[68].

A nuestro criterio, la denominación de "**procedimiento abreviado**" resulta inexacta, puesto que el mismo legislador ha hecho hincapié en el guarismo 211 del CNPP, que el proceso en estricto sentido inicia desde la audiencia inicial, por lo que la figura en estudio debería denominarse "**proceso abreviado**",

---

[68] **WITKER**, Jorge, et. Al., óp. Cit., pág. 127.

en el entendido de que para algunos también sería inadecuado llamarle **"juicio abreviado"**, toda vez que no existe propiamente un desahogo de medios de prueba como en la etapa ordinaria de juicio, y no participa de todos los elementos de un juicio contradictorio. Sin embargo, al ser denominado procedimiento abreviado en nuestro código vigente, así le llamaremos a lo largo de las siguientes líneas.

El fundamento Constitucional que permite la existencia de este mecanismo de aceleración procesal, y es en este momento en que aparece en nuestro escenario jurídico el numeral 20, apartado A, fracción VII de la Constitución Política de los Estados Unidos Mexicanos, que a la letra reza de la siguiente manera:

> ***Artículo 20.*** *El proceso penal será acusatorio y oral. Se regirá por los principios de publicidad, contradicción, concentración, continuidad e inmediación.*
>
> ***A. De los principios generales:***
>
> ....
>
> ***VII.*** *Una vez iniciado el proceso penal, siempre y cuando no exista oposición del inculpado,* ***se podrá decretar su terminación anticipada en los supuestos y bajo las modalidades que determine la ley.*** *Si el imputado reconoce ante la autoridad judicial, voluntariamente y con conocimiento de las consecuencias, su participación en el delito y existen medios de convicción suficientes para corroborar la imputación, el juez citará a audiencia de sentencia.* ***La ley establecerá los beneficios que se podrán otorgar al inculpado cuando acepte su responsabilidad;***

En cuanto al momento procesal oportuno para realizar un procedimiento abreviado, debemos recordar que el procedimiento penal se compone de una serie de actividades que se encuentran debidamente reguladas por dispositivos pre-establecidos en una codificación instrumental, y que tiene como finalidad determinar la aplicación de la norma punitiva de naturaleza sustantiva al caso concreto.

El procedimiento penal se detona, por la presentación de una denuncia o una querella ante el órgano investigador (principio de iniciación), tal y como lo dispone con meridiana claridad el arábigo 221 del CNPP. Con la recepción que el Ministerio Público realice de la denuncia o querella se origina la primera de las etapas procesales, denominada Investigación Inicial, que tiene como finalidad esclarecer los hechos, mediante la actividad indagatoria que realice el Ministerio Público, lo que se traduce en la recolección de datos probatorios aptos y suficientes para acreditar la existencia de un hecho que la ley señala como delito y al menos hasta este punto procesal, la probabilidad de que el imputado lo cometió o participó en su comisión, que le permitan al investigador ejercitar la acción penal ante el Juez de Control. El numeral 211 del cuerpo normativo de referencia, determina que la investigación inicial se delimita entre la presentación de la denuncia o querella, hasta que el ministerio público pone a disposición del Juez de Control al imputado para formular imputación, es decir, hasta el ejercicio de la acción penal. Evidentemente, la investigación inicial durará un lapso no mayor al término medio aritmético del delito que se está investigando, es decir, el término de la prescripción, siempre que no exista detención en caso de flagrancia en la que el ministerio público únicamente puede retener al imputado hasta 48 horas a partir de que fue le fue entregado el imputado física y jurídicamente, para a su vez ponerlo a disposición del **juzgado de control**. En caso de detención urgente ordenada por el ministerio Público, una vez ejecutada la misma, deberá ponerlo de inmediato a disposición del órgano jurisdiccional.

Las líneas anteriores nos permiten contextualizar el momento procesal oportuno para solicitar el procedimiento abreviado, al cual nos estamos aproximando. Una vez que el Ministerio Público solicita la intervención del Juez de Control, tendrá verificativo la audiencia inicial, que comprende en su caso el Control de Detención, la formulación de imputación, la declaración del imputado, así como la audiencia en la que se resuelva la vinculación o no a proceso del imputado. Y es en este preciso momento, en el que se debe acreditar ante el Juez de Control, la existencia de un hecho que la ley señala como delito, la probabilidad de que el imputado lo cometió o participó en su comisión, sin que se materialicen causas de extinción de la acción penal, o excluyentes de incriminación. Entonces, una vez que exista un auto de vinculación a proceso, y antes de que se emita un auto de apertura de Juicio Oral, se podrá solicitar **el** procedimiento **abreviado,** tal y como lo dispone el artículo 202 del CNPP.

6.2. CONSECUENCIAS EN LA INDIVIDUALIZACIÓN DE LA PENA.

Una de las ventajas para el procesado es la posibilidad de disminución en la penalidad que le pudiera corresponder en caso de actualizarse una sentencia condenatoria, en efecto el procedimiento abreviado **podrá** implicar reducción en la penalidad que le corresponde al imputado, la codificación en estudio limita las hipótesis de procedencia en la reducción de la pena, de conformidad con la gravedad del delito. Específicamente el numeral 202 del CNPP establece lo siguiente:

Reducción hasta en una mitad de la pena mínima	• Cuando el imputado no haya sido condenado previamente por delito doloso. • Cuando el delito por el que se lleva a cabo el procedimiento tiene una penalidad media aritmética que no excede de cinco años, incluyendo sus agravantes o atenuantes. • Se trate de delitos **dolosos**.

Reducción hasta en dos terceras partes de la pena mínima.	• Cuando el imputado no haya sido condenado previamente por delito doloso. • Cuando el delito por el que se lleva a cabo el procedimiento tiene una penalidad media aritmética que no excede de cinco años, incluyendo sus agravantes o atenuantes. • Se trate de delitos **culposos**.
Reducción hasta en un tercio de la pena mínima.	En cualquier delito doloso.
Reducción hasta en una mitad de la pena mínima.	En cualquier delito culposo.

6.3. REQUISITOS DE PROCEDENCIA.

Para efecto de culminar el proceso de manera abreviada deben de conjugarse una serie de requisitos, mismos que se encuentra establecidos en las tres porciones normativas del arábigo 201 del CNPP, como los son:

Requisitos de procedencia	• Que el Ministerio Público lo solicite, debiendo formular la acusación y exponer los datos de prueba que la sustentan. (Datos de prueba recolectados desde la investigación inicial, y los que hayan sido posible recolectar en la investigación complementaria, hasta la fecha de la solicitud. • Que la víctima u ofendido no presenten oposición debidamente fundada. (Por lo que la oposición lisa y llana, queda excluida. Por lo que concatenando esta disposición con el numeral 204 del CNPP, solo se considera oposición fundada la que acredite ante el Juez de Control que no se ha garantizado la reparación del daño). • Que el imputado reconozca estar informado de su derecho de ser tener un juicio oral, así como de las posibles consecuencias del procedimiento abreviado, y que renuncie expresamente al mismo, para consentir de la misma forma la abreviación de su proceso. Igualmente deberá de admitir la responsabilidad del delito que se le imputa, aceptando ser sentenciado con los medios de prueba que exponga el Ministerio Público en la acusación.

6.4. TRÁMITE.

Como se ha expuesto en supra líneas que el Ministerio Público deberá de realizar una solitud por escrito al Juez de Control, para que convoque a las partes a una audiencia en la que se definirá si es admisible o no el procedimiento abreviado, y en su caso la verificación del mismo. En efecto, el órgano jurisdiccional de referencia, deberá de analizar luego de la petición formal del órgano acusador, si efectivamente se reúnen las condiciones del numeral 201 del CNPP, y a la postre escuchar la acusación del Ministerio público así como el caudal probatorio que se haya recolectado hasta esa fecha, una vez que el Ministerio haya expuesto lo anterior, en su caso se otorgará el uso de la palabra a la víctima u ofendido, así como al asesor jurídico. Posteriormente dará el uso de la palabra a la defensa para verbalizar su argumento de descargo. Desde luego que en atención al principio de contradicción se considera que es viable conceder una oportunidad al Ministerio Público de pronunciarse sobre los argumentos defensivos, así como un nuevo uso de la palabra a la defensa, para culminar con la expresión del imputado.

Al finalizar el debate, el Juez de Control emitirá inmediatamente su fallo, es decir únicamente el sentido del mismo, sin embargo no es su deber exponer inmediatamente la fundamentación y motivación del mismo, toda vez que se le otorga un plazo de 48 horas para dar lectura íntegra a la misma, por lo que hasta en tanto las partes no se impongan de la parte considerativa de la sentencia comenzará a correr el término para interponer el recurso correspondiente en contra la misma.[69]

---

69 El fundamento legal del trámite antes explicado, lo podemos encontrar en los dispositivos 205 y 206 del CNPP.

Capítulo séptimo
Las soluciones alternas en el código nacional de procedimientos penales

7.1. GENERALIDADES DE LOS MASC EN MATERIA PROCESAL PENAL.

La codificación en comentario contempla dos figuras como soluciones alternas propiamente dichas, el Acuerdo Reparatorio y la Suspensión Condicional del Proceso. El procedimiento abreviado, se considera un mecanismo de aceleración y no precisamente una solución alterna, ya que esta figura culmina con una sentencia definitiva que puede ser condenatoria o absolutoria. En efecto, con la aplicación de mecanismos alternativos de resolución de controversias aplicados en las soluciones alternas no entran al estudio del fondo de la causa penal, ya que en caso de terminación positiva, culminarán en sobreseimiento, situación que los distingue del procedimiento abreviado. Igualmente debemos distinguir a las formas de solución alternas, de otras figuras como los criterios de oportunidad, mismos que cuentan con una naturaleza diversa, al consistir estos últimos en la facultad del ministerio público para prescindir ya sea total o parcialmente, de la persecución punitiva, inherente a algún hecho constitutivo de delito, o bien sobre alguna de las personas que participaron en su perpetración, siempre que el imputado colabore de manera eficaz con la indagación y brinde información esencial para evitar que continúe el delito, o bien que el hecho carezca de trascendencia social, o en otra de sus hipótesis, que el imputado haya sufrido, a consecuencia del hecho, daño físico o psicológico grave que torne desproporcionada la aplicación de una pena.[70]

7.2. EL ACUERDO REPARATORIO.

Definición. Es un acuerdo de voluntades celebrado entre los protagonistas del drama penal (víctima, ofendido su o representante y el imputado), que deben ser debidamente aprobados ya sea por el Agente del Ministerio Público en los casos en que aún no se haya ejercitado la acción penal, o por el Juez de Control una vez que la pretensión punitiva ya se ejercitó, y que tienen como finalidad la conclusión del proceso, garantizando la reparación de daño y devolviendo en la medida de lo posible las cosas al estado que se encontraban antes de la comisión del delito.[71]

Si bien es cierto, el principio de justicia restaurativa implica la oportunidad brindada al sujeto activo del delito, para reparar el daño ocasionado sin necesidad de estar sujeto a una medida cautelar, esta oportunidad no es indiscriminada, en el sentido de que se encuentra limitada a un catálogo de delitos y a que el imputado no haya celebrado **otros acuerdos reparatorios**[72] por hechos de la misma naturaleza. En efecto, el acuerdo

---

70 Los criterios de oportunidad se encuentran regulados en el artículo 256 del CNPP, como causas de extinción de la acción penal, o formas de terminación de la investigación, no como MASC propiamente.

71 El acuerdo reparatorio se encuentra previsto y regulado entre los arábigos 186 al 190 del Código Nacional de Procedimientos Penales.

72 Nótese que el legislador utiliza la expresión "otros acuerdos reparatorios", es decir, se redacta en plural, lo que implica la pre-existencia de al menos dos acuerdos reparatorios, y el tercer intento será el improcedente. Esta misma situación ocurrió originalmente en el Estado de Chihuahua, lo que culminó en una reforma al artículo 197 del CPP, en el mes de enero de 2010, únicamente para modificar la expresión a "otro acuerdo reparatorio".

reparatorio solo procede en delitos perseguidos por querella, delitos imprudenciales, o patrimoniales cometidos sin violencia sobre las personas, sin que de ninguna manera pueda incluirse los relacionados con la violencia familiar, lo anterior al tenor de lo dispuesto por el ordinal 187 del CNPP:

> **Artículo 187. Control sobre los acuerdos reparatorios**
>
> Procederán los acuerdos reparatorios únicamente en los casos siguientes:
>
> **I.** Delitos que se persiguen por querella, por requisito equivalente de parte ofendida o que admiten el perdón de la víctima o el ofendido;
>
> **II.** Delitos culposos, o
>
> **III.** Delitos patrimoniales cometidos sin violencia sobre las personas.
>
> No procederán los acuerdos reparatorios en los casos en que el imputado haya celebrado anteriormente otros acuerdos por hechos que correspondan a los mismos delitos dolosos, tampoco procederán cuando se trate de delitos de violencia familiar o sus equivalentes en las Entidades federativas.
>
> Tampoco serán procedentes en caso de que el imputado haya incumplido previamente un acuerdo reparatorio, salvo que haya sido absuelto.

Podemos sostener que el principio de justicia restaurativa se encuentra privilegiado por el legislador federal, en el sentido de que el numeral 189 del cuerpo normativo multicitado, contempla que tanto el Ministerio Público, como el Juez de Control, desde su primera intervención podrán invitar a los interesados a que celebren un acuerdo de esta naturaleza. Esta facultad debe ser ejercitada de manera sensible, en el sentido de no distorsionar su espíritu, de suerte tal que el operador del sistema debe apegarse a 'invitar' a las partes a llegar a un acuerdo, e 'informar' sobre sus ventajas o desventajas, y de ninguna manera 'presionar' a los intervinientes a llegar a un acuerdo que no deje satisfechos sus intereses, resulta innegable que se requiere que ambos protagonistas tengan que ceder en cierta medida, sin embargo deben estar convencidos de que esta salida les puede resultar más rápida y efectiva, de lo contrario estaríamos viciando el espíritu de los MASC aplicados para concretar soluciones alternas, que se traducen en mecanismos de impartición de justicia que generan empatía entre las partes.

El acuerdo reparatorio puede celebrarse en cualquier etapa del procedimiento, como lo advertimos con anterioridad, desde la investigación inicial, hasta antes de que se emita un auto de apertura de juicio oral. Sus efectos son suspender provisionalmente el procedimiento, en tanto que se cumple el plazo para el cumplimiento del acuerdo, y una vez fenecido este lapso, verificar su cumplimiento o incumplimiento. En caso de cumplimiento cabal, se sobreseerá la causa penal, o se decretará el no ejercicio de la acción penal según corresponda, sin antecedente penal alguno para el imputado. En caso de incumplimiento, se reanudará la causa penal como si no se hubiera celebrado acuerdo alguno.

En cuanto a las modalidades del acuerdo reparatorio, debe subrayarse que las partes deberán pactarlas de manera libre, es decir, su duración, forma y lugar de pago, los objetos a restituirse y la mecánica, y cualquier concepto o condición que de acuerdo a la naturaleza del delito y daño a reparar, corresponda al imputado. La Codificación en comentario, refiere que en caso de que las partes expresamente no pacten un plazo fijo de cumplimiento, se entenderá como máximo un año. Desde luego el acuerdo reparatorio puede materializarse de cumplimiento inmediato, lo que significa que no habrá suspensión, sino sobreseimiento inmediato. En cuanto al registro que se haga del acuerdo reparatorio, si este se realiza en audiencia ante el Juez de Control, deberá constar en audio y video, pero en el supuesto de que sea celebrado ante el ministerio público durante la investigación inicial, deberá constar en actas debidamente firmadas por la víctima u ofendido, el imputado, su defensor y desde luego el ministerio público, con la fecha, hora y lugar de su celebración así como las cláusulas que contengan las modalidades de cumplimiento debidamente transcritas.

En caso de incumplimiento del acuerdo reparatorio, debe de reanudarse el proceso en el momento exacto en que se suspendió, excepto cuando esta figura se materializa durante la dilación constitucional, es decir entre la formulación de imputación-declaración del imputado y la audiencia de vinculación a proceso. Cuando esto ocurre, es decir, se concreta una salida alterna sin que el Ministerio Público haya expuesto los antecedentes que integran la carpeta de investigación solicitando un auto de vinculación a proceso, pero se haya formulado imputación y brindado la oportunidad de rendir su declaración, el proceso se suspenderá, y en caso de incumplimiento atribuible al imputado el proceso se reanudará como si no se hubiese llegado a acuerdo alguno, no obstante este no se reanudará desde la vinculación a proceso, sino que habrá de formularse de nueva cuenta imputación, otorgar por segunda vez la oportunidad de rendir declaración al imputado, volviendo a decidir sobre los plazos constitucionales para la resolución de su situación jurídica. El motivo de lo anterior es precisamente lo dispuesto por el artículo 19 Constitucional y su correlativo 313 del Código Nacional de Procedimientos Penales, en el sentido de que invariablemente la audiencia de vinculación a proceso deberá tener como antecedente una audiencia de Formulación de imputación y declaración del imputado, así como 72 o 144 horas de dilación, o bien en el mismo momento en caso de renuncia al plazo, de suerte tal que el acuerdo reparatorio no tendrá el poder de interrumpir el plazo Constitucional, sino que al no insistir el agente del ministerio público en su petición, el juez de control deberá de dictar un auto de no vinculación a proceso, y seguidamente otorgará la palabra a las partes para la exposición del contenido del acuerdo reparatorio.

Como podemos advertir, esta es una salida alterna que privilegia la participación activa entre el imputado y la víctima u ofendido del delito, busca lograr una postura empática entre los protagonistas del drama penal, y permite al imputado hacer consciencia del hecho punible cometido, para lograr su debida reparación, lo que se traduce en una eficiente alternativa de resocialización.

7.3. SUSPENSIÓN CONDICIONAL DEL PROCESO.

Esta figura jurídica se encuentra prevista a partir del arábigo 191 del Código Nacional de Procedimientos Penales.

Definición. La suspensión condicional del proceso es una solución alterna que consiste en pausar el proceso penal, a solicitud del imputado o del ministerio público[73], una vez que se ha emitido un auto de vinculación a proceso y antes del auto de apertura a juicio oral, e imponer una serie de condiciones este último, que deberá de cumplir si desea el sobreseimiento de la causa penal, al conjunto de condiciones se le denominará plan de reparación, y deberá de poner a prueba al imputado mínimo seis meses, y máximo tres años.

La suspensión condicional del proceso, será procedente siempre que el delito por el cual se vinculó a proceso no tenga como pena media aritmética un lapso superior a 5 años, que no exista oposición fundada[74] de la víctima u ofendido del delito, así como aquellos casos en que el imputado haya incumplido

---

73 Con acuerdo del imputado.

74 El término 'oposición fundada' implica la expresión de verdaderas razones que impidan que la víctima se sienta segura o satisfecha con la aprobación de esta salida alterna, no basta con expresar lisa y llanamente la oposición, sin expresar motivos coherentes que revelen que sería riesgoso para el juez de control aprobar esta figura jurídica.

con otra suspensión condicional, salvo que hayan transcurrido cinco años desde la resolución en comentario, ya sea en la esfera local o federal, o dos años desde su cumplimiento.

Artículo 192. Procedencia

La suspensión condicional del proceso, a solicitud del imputado o del Ministerio Público con acuerdo de aquél, procederá en los casos en que se cubran los requisitos siguientes:

I. Que el auto de vinculación a proceso del imputado se haya dictado por un delito cuya media aritmética de la pena de prisión no exceda de cinco años;

II. Que no exista oposición fundada de la víctima y ofendido, y

III. Que hayan transcurrido dos años desde el cumplimiento o cinco años desde el incumplimiento, de una suspensión condicional anterior, en su caso.

Lo señalado en la fracción III del presente artículo, no procederá cuando el imputado haya sido absuelto en dicho procedimiento.

Las condiciones que puede cumplir el imputado dentro de estos seis meses o tres años, pueden ser de las contempladas de manera enunciativa pero no limitativa en el artículo 195 de la codificación en estudio, verbigracia residir en un lugar determinado, dejar de frecuentar personas determinadas, prestar algún servicio social en favor del estado o instituciones de beneficencia pública y desde luego las modalidades de reparación del daño:

Artículo 195. Condiciones por cumplir durante el periodo de suspensión condicional del proceso

El Juez de control fijará el plazo de suspensión condicional del proceso, que no podrá ser inferior a seis meses ni superior a tres años, y determinará imponer al imputado una o varias de las condiciones que deberá cumplir, las cuales en forma enunciativa más no limitativa se señalan:

I. Residir en un lugar determinado;

II. Frecuentar o dejar de frecuentar determinados lugares o personas;

III. Abstenerse de consumir drogas o estupefacientes o de abusar de las bebidas alcohólicas;

IV. Participar en programas especiales para la prevención y el tratamiento de adicciones;

V. Aprender una profesión u oficio o seguir cursos de capacitación en el lugar o la institución que determine el Juez de control;

VI. Prestar servicio social a favor del Estado o de instituciones de beneficencia pública;

VII. Someterse a tratamiento médico o psicológico, de preferencia en instituciones públicas;

VIII. Tener un trabajo o empleo, o adquirir, en el plazo que el Juez de control determine, un oficio, arte, industria o profesión, si no tiene medios propios de subsistencia;

IX. Someterse a la vigilancia que determine el Juez de control;

X. No poseer ni portar armas;

XI. No conducir vehículos;

XII. Abstenerse de viajar al extranjero;

XIII. Cumplir con los deberes de deudor alimentario, o

XIV. Cualquier otra condición que, a juicio del Juez de control, logre una efectiva tutela de los derechos de la víctima.

Para fijar las condiciones, el Juez de control podrá disponer que el imputado sea sometido a una evaluación previa. El Ministerio Público, la víctima u ofendido, podrán proponer al Juez de control condiciones a las que consideran debe someterse el imputado. El Juez de control preguntará al imputado si se obliga a cumplir con las condiciones impuestas y, en su caso, lo prevendrá sobre las consecuencias de su inobservancia.

Cabe decantar que la incomparecencia de la víctima u ofendido no es motivo para que el la audiencia pueda tener verificativo la audiencia en la que se resuelve sobre procedencia o no de la suspensión condicional.

La suspensión condicional será revocada en los casos en los que el imputado, sin justificación alguna, no cumpla con alguna de las condiciones del plan de reparación, de igual forma, se revocará si durante el plazo otorgado, el imputado es sentenciado por sentencia ejecutoriada por la comisión de algún delito de la misma naturaleza por el cual se encuentra bajo suspensión condicional.

Al igual que el acuerdo reparatorio, el cumplimiento de las condiciones del pan de reparación tiene como consecuencia el sobreseimiento de la causa, con efectos de sentencia absolutoria.

Artículo 196. Trámite

La víctima u ofendido serán citados a la audiencia en la fecha que señale el Juez de control. La incomparecencia de éstos no impedirá que el Juez resuelva sobre la procedencia y términos de la solicitud.

En su resolución, el Juez de control fijará las condiciones bajo las cuales se suspende el proceso o se rechaza la solicitud y aprobará el plan de reparación propuesto, mismo que podrá ser modificado por el Juez de control en la audiencia. La sola falta de recursos del imputado no podrá ser utilizada como razón suficiente para rechazar la suspensión condicional del proceso.

La información que se genere como producto de la suspensión condicional del proceso no podrá ser utilizada en caso de continuar el proceso penal.

Capítulo octavo La acción penal ejercida por particulares.

8.1 CONTEXTO.

Antes de iniciar de manera específica con el estudio procesal sobre la acción penal ejercida por particulares resulta pertinente preparar el terreno mencionando la reforma constitucional publicada en el D.O.F. 18 de Junio de 2008, misma que entre otros aspectos de amplia trascendencia, incluye adiciones al Art. 21 de la CPEUM, en particular al referir que "*...El ejercicio de la acción penal ante los tribunales corresponde al Ministerio Público. La ley determinará los casos en que los particulares podrán ejercer la acción penal ante la autoridad judicial.*" Lo anterior permitió advertir que si bien es cierto, por excelencia el ministerio público se encarga de representar a la sociedad investigando el delito, y en su caso realizando una serie de actuaciones o gestiones ante los órganos jurisdiccionales especializados en materia penal para la aplicación de la norma al caso concreto (ejercicio de la acción penal), con la reforma se abre una puerta para que las legislaturas estatales regularan la posibilidad de que un particular solicitara la intervención jurisdiccional en materia penal, sin necesidad de acudir previamente con el agente del ministerio público.

CARBONELL, ha sostenido que la reforma constitucional publicada el 18 de junio de 2008 nos suministra la base para realizar una profunda transformación del sistema penal mexicano. Sus disposiciones tocan varios de los ámbitos sustantivos de dicho sistema, dado que abarcan temas como la seguridad pública (cuerpos policíacos y prevención del delito), la procuración de justicia (el trabajo del Ministerio Público, el monopolio de la acción penal que desaparece al menos en parte) y la administración de justicia (a través de la incorporación de elementos del debido proceso legal y de los llamados juicios orales).[75]

Posteriormente con la Reforma Constitucional, publicada en el D.O.F. el día 8 de Octubre de 2013, se incluyó en el artículo 73-XXI-C CPEUM, la Facultad del Congreso de la Unión, para expedir una legislación única en materia procedimental penal, de mecanismos alternativos de solución de controversias y de ejecución de penas que regirá en la República en el orden federal y en el fuero común.[76]

Dentro de este marco constitucional, el día 05 de marzo de 2014, se publicó en el D.O.F. el Código Nacional de Procedimientos Penales, con un sistema diferenciado de inicio de vigencia. Lo que significa que existe una fecha límite y no una fecha única, para efecto de que las Entidades Federativas abroguen sus Codificaciones Instrumentales en materia penal y decreten la adopción del CNPP, por lo que una vez que llegado el 18 de junio de 2016, la vigencia del CNPP, en el territorio nacional ha sido una realidad, incluyendo la regulación de la acción penal promovida por particulares.

---

75 **CARBONELL**, Miguel, "*Bases Constitucionales de la Reforma Penal*", Instituto de Investigaciones Jurídicas, Universidad Nacional Autónoma de México, México, 2010, pág. 11.

76 Sin soslayar la posterior reforma Constitucional publicada en el D.O.F. 02 de Julio de 2015, en la que se incluye en el artículo 73-XXI-C CPEUM, la Facultad del C.U. para expedir: La legislación única en materia procedimental penal, de mecanismos alternativos de solución de controversias, de ejecución de penas **y de justicia penal para adolescentes**, que regirá en la República en el orden federal y en el fuero común.

8.2. DEFINICIÓN Y PROCEDENCIA.

Definición. Consiste en una serie de gestiones realizadas por un particular, ante el **juzgado de control**, sin necesidad de haber acudido previamente ante el agente del ministerio público para la presentación de una querella, con la finalidad de que este órgano jurisdiccional aplique la norma punitiva tanto sustantiva como adjetiva, al caso concreto.

Con lo anterior podemos apreciar, que al utilizar esta figura jurídica, el particular abrevia el procedimiento penal, detonándose desde su fase judicializada, es decir la formulación de la imputación, prescindiendo de una etapa de investigación inicial, dirigida por un agente del ministerio público.

El CNPP, establece en el arábigo 426 que: *"El ejercicio de la acción penal corresponde al Ministerio Público, pero podrá ser ejercida por los particulares que tengan la calidad de víctima u ofendido en los casos y conforme a lo dispuesto en este Código."*

En cuanto a los Supuestos y condiciones en los que procede la acción penal por particulares, aparece en nuestro escenario el dispositivo Artículo 428 de la Codificación en estudio, que establece los siguientes requisitos:

a. Únicamente en los delitos perseguibles por querella

b. Cuya penalidad sea alternativa

c. Distinta a la privativa de la libertad, o

d. Cuya punibilidad máxima no exceda de tres años de prisión.

Debemos poner atención a la redacción del numeral 428 del CNPP, ya que resulta de vital importancia, para efecto de determinar de manera precisa en que supuestos es procedente que un particular acuda directamente ante un juez de control con la finalidad de ejercitar la acción por sí mismo. Para lo cual se transcribirá de manera textual el primer párrafo del ordinal en comento:

Artículo 428. Supuestos y condiciones en los que procede la acción penal por particulares

> *La víctima u ofendido podrá ejercer la acción penal únicamente en los delitos perseguibles por querella, cuya penalidad sea alternativa, distinta a la privativa de la libertad o cuya punibilidad máxima no exceda de tres años de prisión.*

BUCIO ESTRADA[77], advierte a la comunidad jurídica de tres posibles interpretaciones de este primer párrafo, a saber: *a)* La **primera interpretación** se sustenta en las comas que aparecen entre las palabras "querella, cuya pena sea alternativa, distinta a la privativa de libertad"; aquí la coma entre las palabras *alternativa* y *distinta* tiene el sentido de que se trata de otros supuestos; la coma es un signo ortográfico que sirve para indicar la división o el corte entre frases u oraciones, lo anterior de acuerdo con el Diccionario de la Real Academia Española, de tal manera que el concepto utilizado por el código —"únicamente"— limita a todos los supuestos y no sólo a los perseguibles por querella, sino también a aquellos delitos que no tengan esa calidad, pero que sean sancionados con una pena alternativa y diversa a la privativa de libertad; para concluir con el tercer supuesto, cualquier delito que tenga una pena privativa de libertad no mayor de tres años, aun cuando no sea de querella ni tenga pena alternativa. Así, la primera interpretación nos lleva a establecer tres supuestos de admisibilidad y procedibilidad de la acción penal por particulares: a saber, *i)* aquellos delitos proseguibles por querella; *ii)* los que tengan pena alternativa y distinta a la privativa de libertad, y *iii)* los delitos cuya punibilidad máxima no exceda de tres años. *b)* **La segunda interpretación** nos lleva a establecer dos supuestos de procedibilidad para la acción penal por particula-

77 **BUCIO ESTRADA**, Rodolfo , "La Acción Penal por Particulares", Revista El Mundo del Abogado, 20 de Abril de 2015.

res, sustentada en la coma que se encuentra entre las palabras "querella" y "cuya pena sea alternativa", así como en la palabra "o" que se halla entre "libertad" y "cuya punibilidad", ya que dicha letra implica una disyuntiva, es decir, una u otra cosa, en cuyo caso aplica en delitos que no tengan pena de libertad pero que aun teniéndola no exceda de tres años como máximo; con lo anterior se establecen sólo dos supuestos de admisibilidad y procedibilidad; a saber, *i)*aquellos delitos proseguibles por querella y *ii)* los que tengan pena alternativa distinta a la privativa de libertad pero que, aun teniéndola, no fuera mayor de tres años de prisión como máxima. ***c)* La tercera y última interpretación** consiste en establecer sólo un supuesto de procedibilidad, bajo el argumento de que una defectuosa redacción no debe cambiar el sentido de la disposición, porque si la exposición de motivos se limita a transcribir parte del artículo, lleva a considerar la existencia de un solo supuesto, en cuyo caso la redacción del artículo, para no generar mayores interpretaciones, debería ser el siguiente: "Únicamente en los delitos perseguibles por querella, y de éstos sólo los que tengan pena alternativa distinta a la privativa de libertad y si la tuvieren que sea inferior a tres años como máximo". De esta forma, el ejercicio de la acción penal por particulares sólo se limita al de querella, aunque limitado a aquel que tenga pena alternativa distinta a la privativa de libertad, pero que aun teniéndola no sea mayor de tres años como máximo. Con lo anterior la acción penal queda reducida a muy limitados delitos.

En nuestro propio criterio, sostenemos en una interpretación sistemática, que el CNPP, permite el ejercicio de la acción penal por particulares, únicamente en casos de delitos perseguibles por querella y que además cumplan con el resto de los requisitos establecidos en el guarismo 428 primer párrafo, la razón de ser de esta afirmación, consiste en la lectura del diverso numeral 429 del mismo cuerpo normativo que establece claramente que *"El ejercicio de la acción penal por particular hará las veces de presentación de la querella"*, lo que significa que no podrá hacer la veces de presentación de "denuncia", por no ser procedente en esos casos. Consideramos que ese es el espíritu de la norma, y que una interpretación más amplia puede resultar inexacta.

Adicionalmente el artículo 428 del CNPP, establece los siguientes lineamientos:

a. La víctima u ofendido podrá acudir directamente ante el Juez de control.

b. En caso de que cuente con datos que permitan establecer que se ha cometido un hecho que la ley señala como delito y exista probabilidad de que el imputado lo cometió o participó en su comisión.

c. Deberá aportar para ello los datos de prueba que sustenten su acción, **sin necesidad de acudir al Ministerio Público**

d. Cuando en razón de la investigación del delito sea necesaria la realización de actos de molestia que requieran control judicial, la víctima u ofendido deberá acudir ante el Juez de control.

e. Cuando el acto de molestia no requiera control judicial, la víctima u ofendido deberá acudir ante el Ministerio Público para que éste los realice.

f. En ambos supuestos, el Ministerio Público continuará con la investigación y, en su caso, decidirá sobre el ejercicio de la acción penal.

En cuanto a los requisitos de forma y fondo para la solicitud de ejercicio de la acción penal por un particular, debemos seguir analizando el contenido del artículo Artículo 429 de la Codificación Instrumental en estudio que establece: El ejercicio de la acción penal por particular hará las veces de presentación de la querella y deberá sustentarse en audiencia ante el Juez de control con los requisitos siguientes:

I. El nombre y el domicilio de la víctima u ofendido;

II. Si la víctima o el ofendido son una persona jurídica, se indicará su razón social y su domicilio, así como el de su representante legal;

III. El nombre del imputado y, en su caso, cualquier dato que permita su localización;

IV. El señalamiento de los hechos que se consideran delictivos, los datos de prueba que los establezcan y determinen la probabilidad de que el imputado los cometió o participó en su comisión, los que acrediten los daños causados y su monto aproximado, así como aquellos que establezcan la calidad de víctima u ofendido;

V. Los fundamentos de derecho en que se sustenta la acción, y

VI. La petición que se formula, expresada con claridad y precisión.

El particular al ejercer la acción penal ante el Juez de control podrá solicitar en caso de ser necesario, orden de comparecencia en contra del imputado o su citación a la audiencia inicial, y desde luego el reclamo de la reparación del daño, tal y como se contempla en el artículo 430 del CNPP.

8.3. TRÁMITE DE LA ACCIÓN PENAL POR PARTICULAR.

Presentado el escrito ante el **juzgado de control** del distrito judicial competente, se citará al promovente a una audiencia de admisión en la que se pronunciará el órgano jurisdiccional sobre la procedencia o no de la misma, de tal suerte que una vez verificada esta audiencia y admitida la acción penal por particular, deberá de citarse al imputado dentro de los siguientes cinco días al que se tuvo por admitida misma, para la celebración de una audiencia inicial, desde luego apercibido de que en caso de comparecer sin causa justificada, se podrá ordenar su aprehensión o comparecencia según corresponda.

Del Artículo 431 del CNPP, podemos desglosar los siguientes pasos:

a. En Audiencia, Juez de Control constatará que se cumplen con los requisitos formales y materiales.

b. De no cumplirse los requisitos formales, el Juez prevendrá al particular para que los subsane dentro de la misma audiencia o de no ser posible dentro de los tres días siguientes.

c. De no subsanarse o ser improcedente la pretensión, se tendrá por no interpuesta la acción y no podrá volver a ejercerse por parte del particular por los mismos hechos.

d. Admitida la acción penal promovida por particular, el Juez de Control ordenará la citación del imputado para la audiencia inicial apercibido de que en caso de no asistir ordenará su comparecencia o aprehensión según proceda.

e. El imputado debe ser citado a la audiencia inicial dentro de las 48 horas siguientes a aquella en que se fija la fecha de celebración. (Informado de que debe asistir con defensor o se le designará uno público).

f. La audiencia inicial deberá celebrarse dentro de los cinco días siguientes a aquel en que se tenga admitida la acción penal.

Una vez que abordamos el tópico inherente a la acción penal promovida por particulares, no podemos dejar de mencionar ciertos riesgos que pueden ser un costo de la celeridad obtenida, como los siguientes[78]:

---

78 Artículo 432 CNPP.

a. ***Si la víctima u ofendido decide ejercer la acción penal, por ninguna causa podrá acudir al Ministerio Público a solicitar su intervención para que investigue los mismos hechos.*** Debemos reconocer que el ministerio público resulta un órgano del estado, que cuenta con un cuerpo de policías y peritos a su disposición que permiten la indagación sobre hechos que revisten caracteres de delitos, facilidad con la que no cuenta un particular. Por lo que el costo de la celeridad obtenida, será carecer del apoyo de este órgano técnico y sus auxiliares en la procuración de justicia, que si bien es cierto, empíricamente podemos apreciar la inmensa carga de trabajo y una serie de obstáculos logísticos y operativos que pueden entorpecer el rápido avance de la investigación, resulta imperativo ponderar si en cada caso concreto vale la pena prescindir de su apoyo.

b. ***La carga de la prueba para acreditar la existencia del delito y la responsabilidad del imputado corresponde al particular que ejerza la acción penal.*** En este caso, a un particular, mismo que no cuenta – como se ha explicado en supra líneas – con las mismas posibilidades indagatorias y recolectoras de datos que el ministerio público.

c. ***Las partes, en igualdad procesal, podrán aportar todo elemento de prueba con que cuenten e interponer los medios de impugnación que legalmente procedan.*** Nuevamente aparece ante nuestros ojos la ausencia del apoyo ministerial, lo que implica un mayor esfuerzo de fondo por parte de la víctima.

d. ***A la acusación de la víctima u ofendido, le serán aplicables las reglas previstas para la acusación presentada por el Ministerio Público.*** No existirá dispensa sobre alguna deficiencia o error por parte del acusador, por lo que la experticia del ministerio público puede ser de ayuda.

e. **De igual forma, salvo disposición legal en contrario, en la substanciación de la acción penal promovida por particulares, se observarán en todo lo que resulte aplicable las**

> **disposiciones relativas al procedimiento, previstas en este Código y los mecanismos alternativos de solución de controversias.** No existirá un tratamiento preferencial, o mayor comprensión por el hecho de que el promovente no cuente con el acompañamiento del órgano persecutor.

Por lo antes expuesto, no debe menospreciarse a la figura jurídica en estudio, ni mucho menos las probabilidades de éxito que pueda tener un particular al utilizar esta vía. Desde luego sostenemos la gran ventaja de celeridad procesal obtenida, sin embargo, se recomienda prudencia al momento de tomar la decisión de seguir el camino en reflexión, lo anterior derivado de los riesgos procesales que esto pueda generar.

Fuentes de información.

BENAVENTE CHORRES, Hesbert, et. Al., *"Código Nacional de Procedimientos Penales Comentado, Guía práctica, comentarios, doctrina, jurisprudencia y formularios"*, 2° Ed., Editorial Flores, México, 2015.

BUCIO ESTRADA, Rodolfo, "La Acción Penal por Particulares", Revista El Mundo del Abogado, 20 de Abril de 2015.

CARBONELL, Miguel, "*Bases Constitucionales de la Reforma Penal*", Instituto de Investigaciones Jurídicas, Universidad Nacional Autónoma de México, México, 2010.

Diccionario de la lengua Española, 23° ed., Edición del Tricentenario, [en línea], Madrid, Espasa, 2014. Consultable en www.rae.es.

EISNER, Isidoro, "*Inmediación y Justicia*", Ed. De Palma, Buenos Aires, Argentina, 1993.

GONZÁLEZ OBREGÓN, Diana Cristal, "La aplicación del Código Nacional de Procedimientos Penales", Tirant Lo Blanch, México, 2014.

GONZÁLEZ OBREGÓN, Daniela, "Manual Práctico del Juicio Oral", 3° Ed., Tirant Lo Blanch, México, 2014.

LÓPEZ BETANCOURT, Eduardo, "Juicios Orales en Materia Penal", Iure Editores, México, 2012.

OVALLE FAVELA, José, "*El Procedimiento Penal Oral En El Estado De Chihuahua*", Instituto de Investigaciones Jurídicas, Universidad Nacional Autónoma de México, México, 2010.

QUIÑONES VARGAS, Héctor, "*Las Técnicas de Litigación Oral, en el Proceso Penal Salvadoreño*", Consejo Nacional de la Judicatura (CNJ), República de El Salvador, Editorial Maya, San Salvador, 2003.

RIVERA SILVA, Manuel, "El procedimiento Penal", 35 ed., Porrúa, México, 2005.

WITKER, Jorge, et. Al., *"Tendencias Actuales del Diseño del Proceso Penal Acusatorio en América Latina y México"*, Instituto de Investigaciones Jurídicas, Universidad Nacional Autónoma de México, México, 2010.

Fuentes legislativas:

Constitución Política de los Estados Unidos Mexicanos.

Código Nacional de Procedimientos Penales.

Código Penal Federal.

Código de Procedimientos Penales del Estado de Chihuahua.